◉さまざまに使われる方言

※キャプションにある回数【第〜回】は、本書の元になったウェブ連載の連載回を示しています。各連載は以下のウェブサイトからご覧いただけます。
http://dictionary.sanseido-publ.co.jp/wp/table_of_contents/ 言語経済学研究会地域語の経済と社会/
※本書本文中に言及のある写真には、そのページを示しました。

①「方言エール」【第146回】（↓本文p.12）

②「方言エール　客船ふじ丸」【第156回】（↓本文p.15）

③「方言エール　那覇太鼓の『チバリヨー』」【第166回】（↓本文p・17）

④「方言エール　高校文化祭のポスター」【第166回】（↓本文p・18）

⑤「ケセン語メッセージ」【第81回】（↓本文p・35）

⑥「こいまぁ尾鷲へ」「おいでん！とよた」【第39回】（↓本文p・47）

⑦「いらっし　みまっし」【第49回】（↓本文p・49）

⑧「自転車、バイクは押して通っておくれやす」
【第24回】（↓本文p・53）

⑨「やさいだす」
【第104回】（↓本文p・54）

やさいだす（株式会社丸八やたら漬）

⑩「でらうみゃあ亭」
【第99回】（↓本文p・56）

⑪「めっさ!! うまい」【第94回】（↓本文p・58）

うまい棒（株式会社やおきん）

⑫「めっちゃ うまい」【第94回】（↓本文p・58）

いちごミルクチョコ クランチつぶつぶいちご入り（株式会社松月堂本舗）

⑬「まちごうて 食べたらあかんで～」【第94回】（↓本文p・59）

⑭「少しは考えチャリ　ポスター」

【第43回】（↓本文p・69）

⑮「かてーりの里（甕）」

【第63回】（↓本文p・75）

⑯「遠野昔話の方言グッズ　ひょうたん」

【第6回】（↓本文p・102）

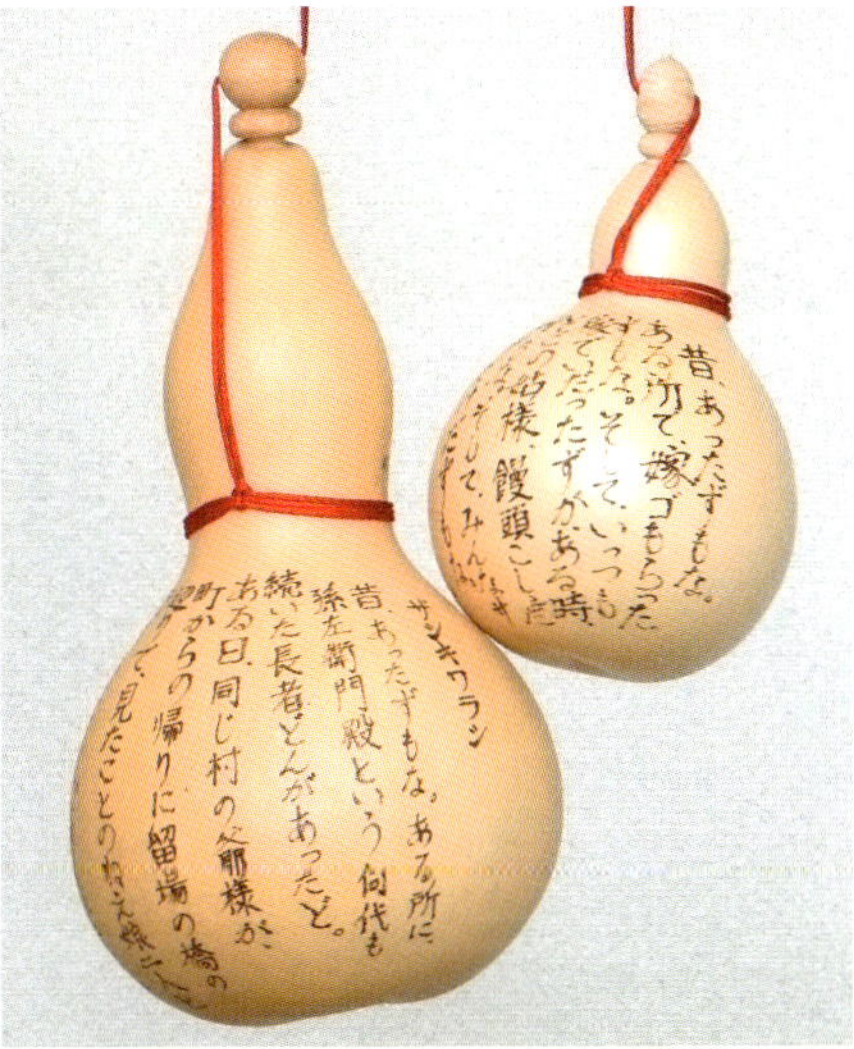

⑰「〝自販機劇場〟」

【第9回】（↓本文p・108）

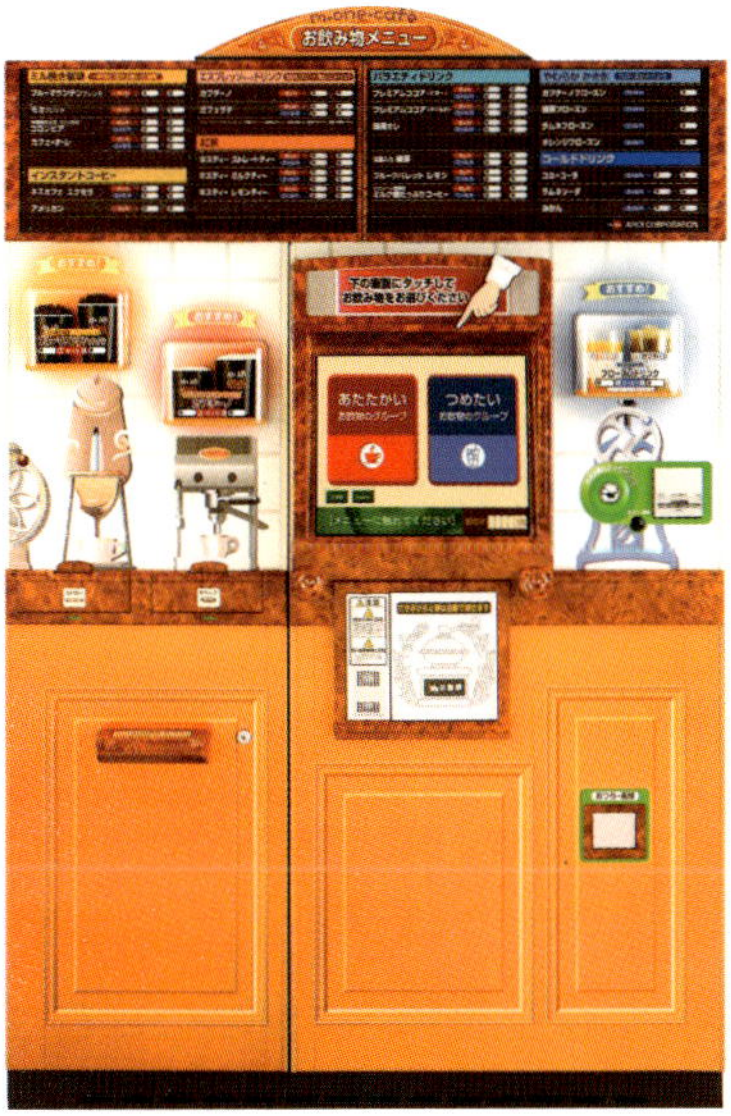

カップ式自動販売機（株式会社アペックス）

⑱「方言絵はがき」【第3回】（↓本文p・112）

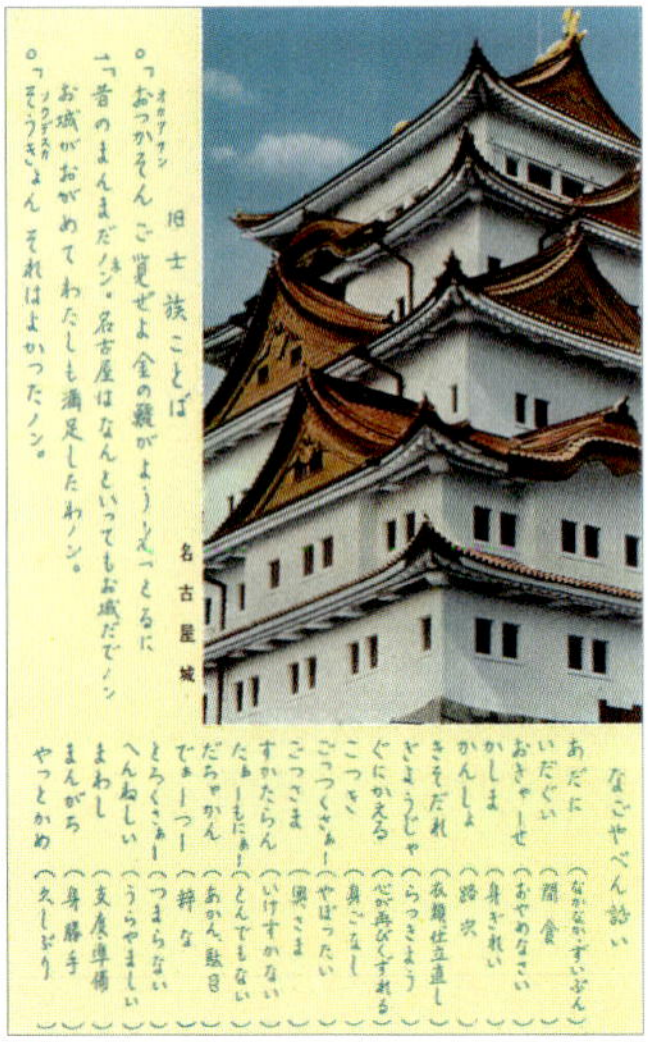

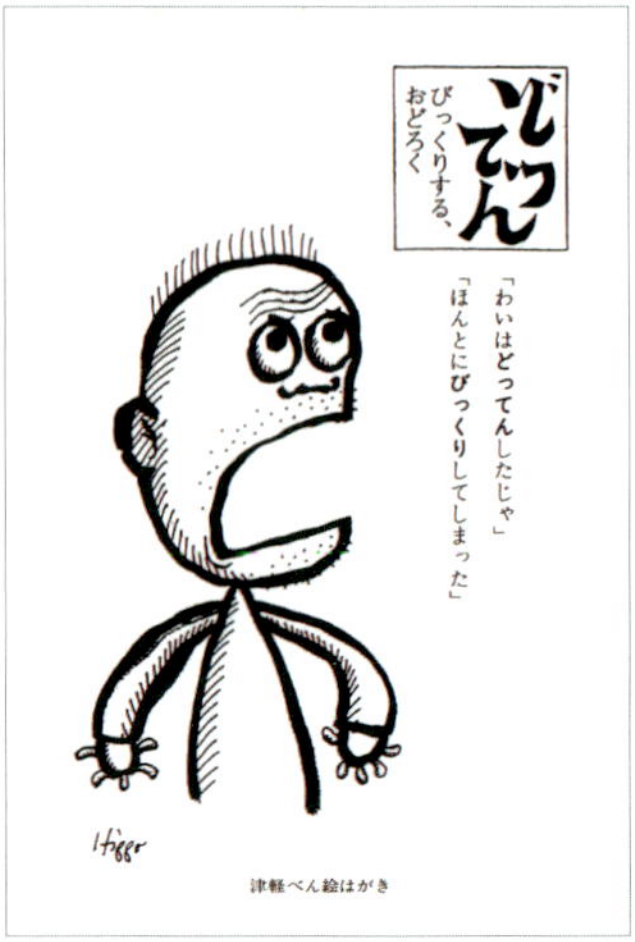

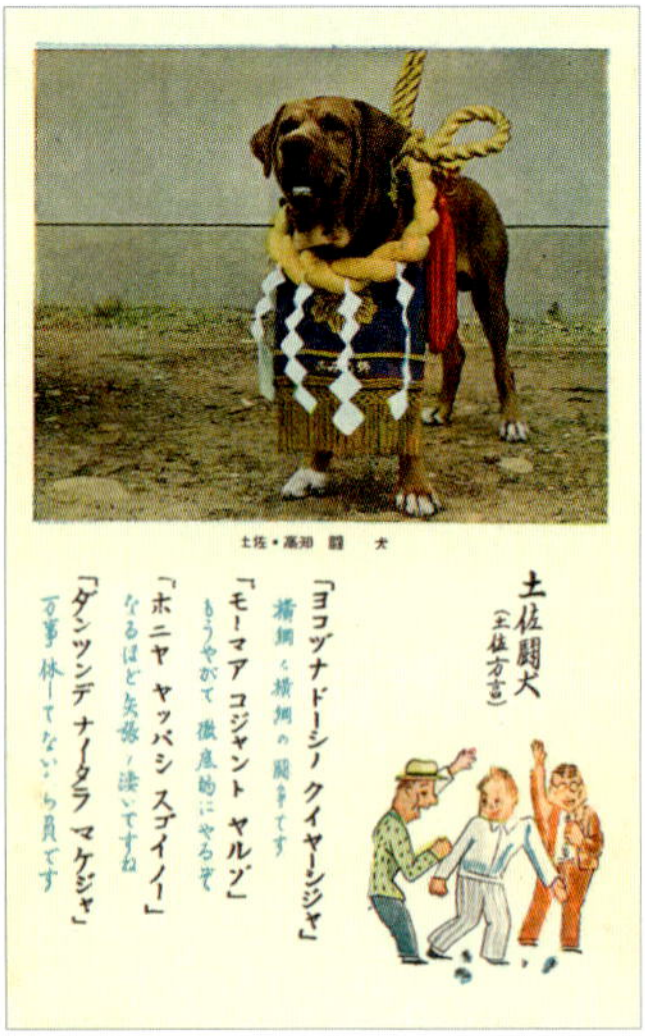

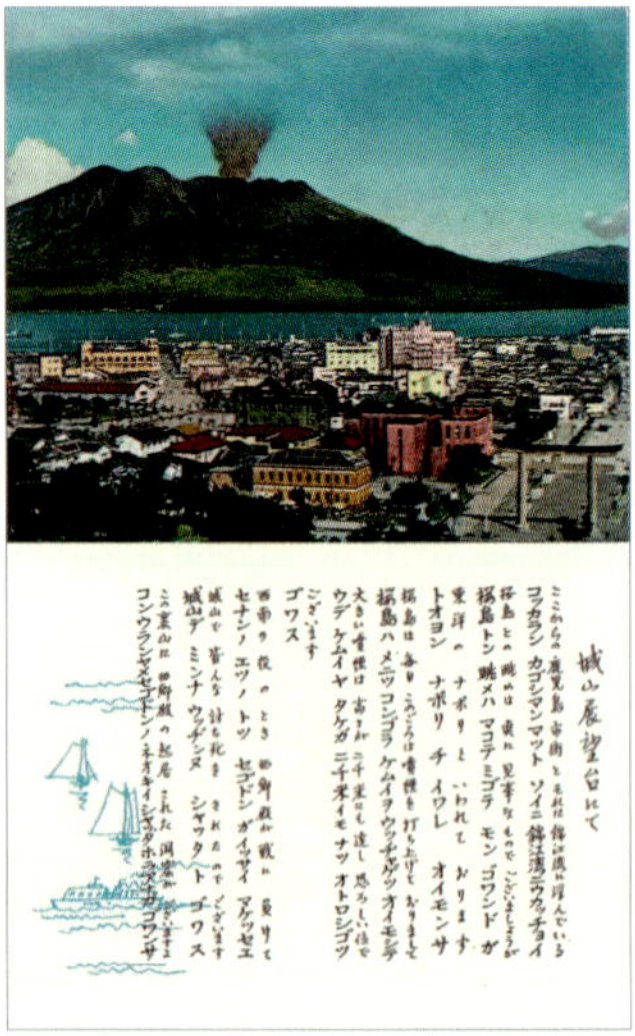

那珂川（博多ことば）
馬吉「敬ちやんヨイ
敬太郎「なんナ
馬吉「こゝが那珂川ぢやけん橋ば渡らんならん、バイ
敬太郎「ウンなら渡らうタイ
馬吉「渡るたアよかばつてん橋がせばかケンはきもんぬいで渡らにや川ン中へおち込むバイ
敬太郎「ウンならはきもんナア手へ持つて行かう
馬吉「それがよか、カンなそろそろ渡らう
敬太郎「アンタもそろそろ行かんさこけ込むバイ、

"山形ことば"お買い物
土地の客
「コンバンワッス、トウキョウノスンルイノムカサリサヨバツテネナユガミヤゲモノ
お晩です、東京の親戚の結婚式に招まれたんで何か土産物
ニッ三ッタデケラッサイ」
二つ三つ下さいな。
商店の主婦
「ハエマエドアリガトウ
はい毎度有難う御座い
ス、ヤマガタノメイブツ
ます。山形の名物
ハノシウメダナツス
はのし梅ですね
ムカスカラ、ソノハ
昔からのものは
ヤッパリウレルナツス
矢つ張り賣れますね。
ホレガラコノロゲス
それからこの「こけし
ニンギヨウナノモ
人形」等も
ツカゴロトヤクノヒト
近頃遠くの人
サウレルヨウグツス」
に賣れる様です。
山形は米のでどころ
寸時を惜しみ働く村娘

子供ケンクワの
加賀方言ニクマレ言葉
「がつぱア《白雲ノ頭》 にんぱア《クサイ》 ちくりんちう《凸凹》 天気よけりや《ヨケレバ》
かアらから《カラカラ》 雨降りア《アメフレバ》 がつちやがつちや《ヌレヌレ》
「ヤイ どすめんちや《キタナイ女子》 こつちえ来て《コチラヘキテ》 めされい《ミナサイ》
いもちやけこちやけ《イモチャケコチャケ》 あつちへ《アチラヘ》行つて めされ《ミナサイ》 いもちやけ《イモーヤケ》 こちやけ《コチャケ》
「ヤイ どすおんちや《キタナイ男》 たいこんばいで《タイコノブナデ》 どやしつけて《ナグリ》 やろうかうまた《ヤロウカー》
「何やどすがつぱ《ナンデキタナイ白雲頭》 あつちこつちに《アベコベニ》 どやしつけて《ナグリ》 やるわい《ヤルゾー》
「こつち《コチラヘ》 こちばつて《コチラヘキテ》 めされ《ミナサイ》
「あまいこたない《ソンナウマイコトナイ》 おんどべに《オ尻》 帆かけて
逃げて やるわい《行クゾイ》

大原女の花賣
（洛北八瀬大原の里より朝早く市中に賣歩くもの……大原女風俗）

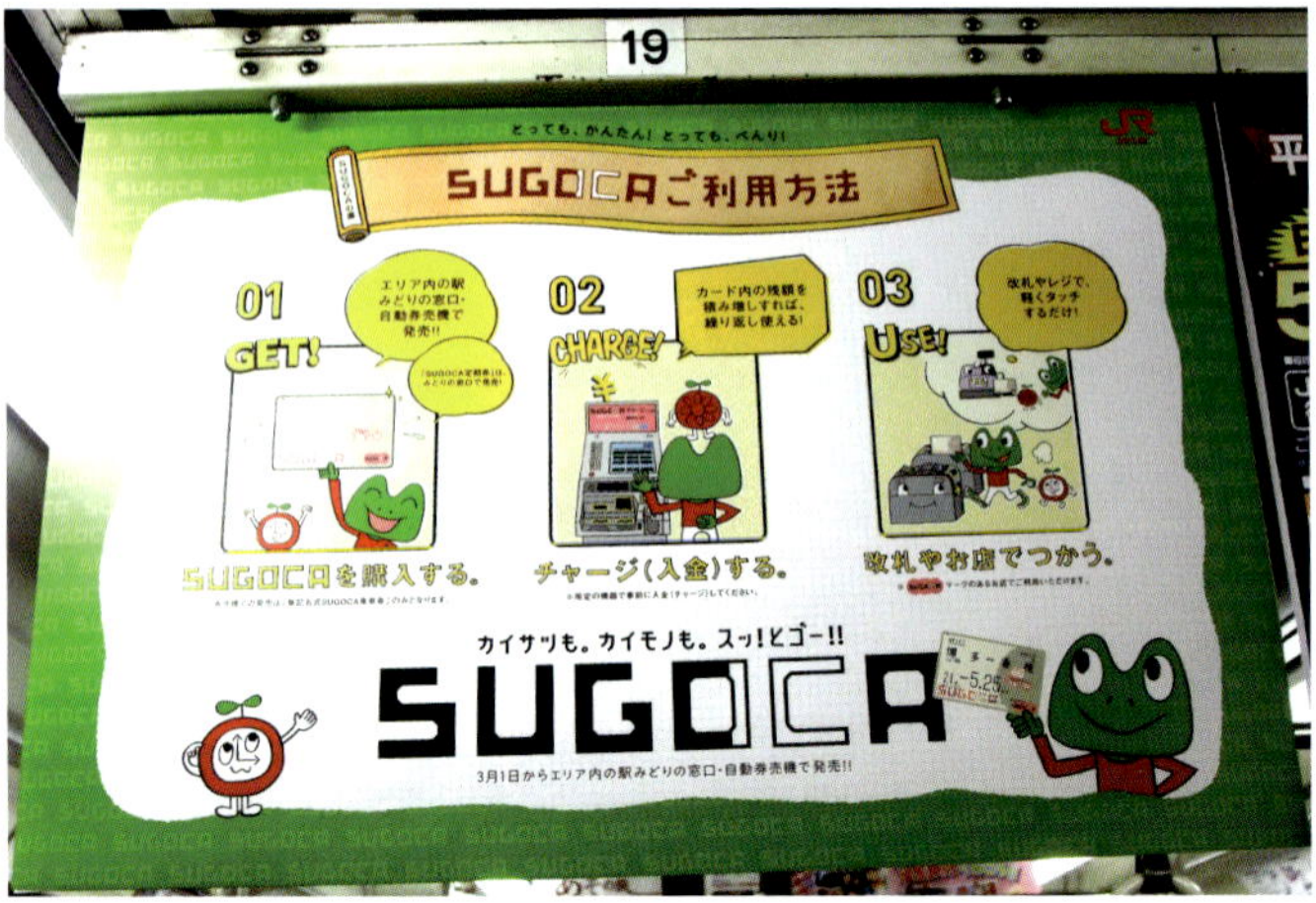

⑲「SUGOCAの車内吊り広告」【第38回】（↓本文p・135）

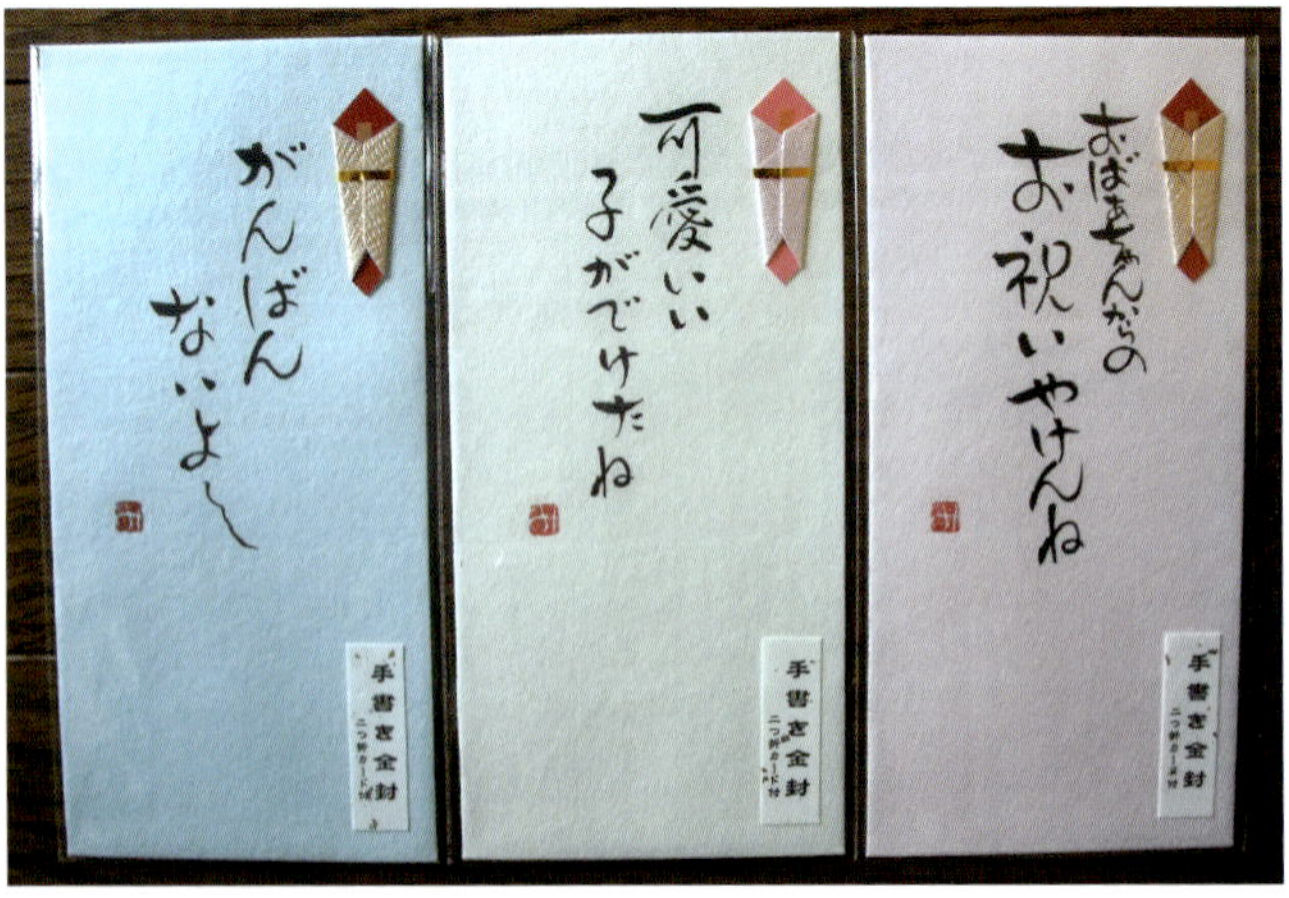

⑳「宮崎弁ののし袋３種（赤白青）」【第28回】（↓本文p・160）

㉑「龍馬からの恋文」トイレットペーパー【第113回】（↓本文p・164）

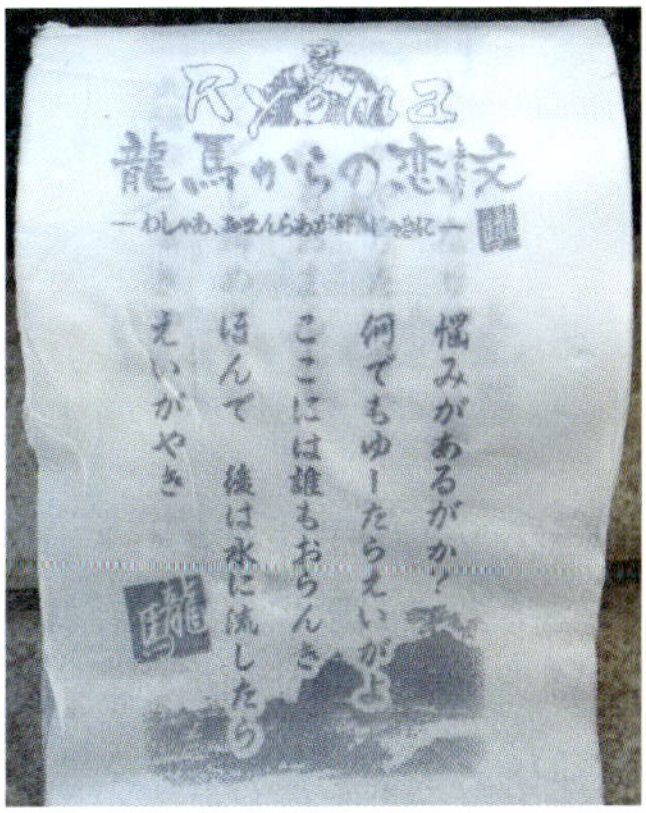

龍馬からの恋文（望月製紙株式会社）

㉒「鹿児島弁検定」ポスター【第103回】（↓本文p・168）

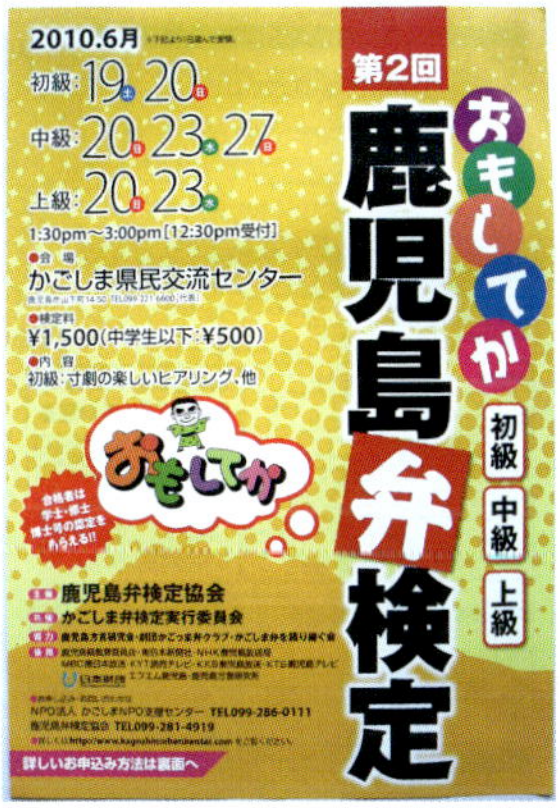

㉓「食べてみたか　田舎のとり」【第19回】（↓本文p・182）

㉔「ヨークシャ方言のテーブルクロス」【第77回】（↓本文p・192）

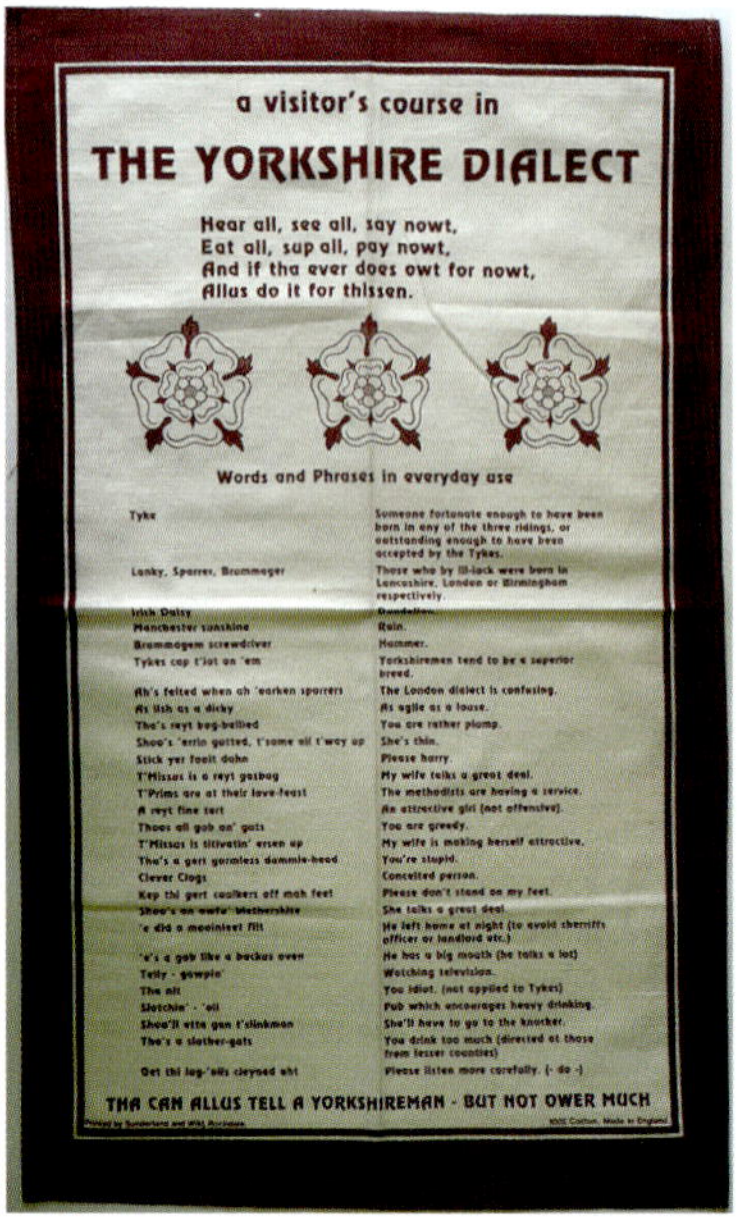

㉕「じゃん　だら　りん」【第27回】（↓本文p・198）

愛知県の米袋（岡崎米穀株式会社）

㉖「こずくまんじゅう」【第5回】

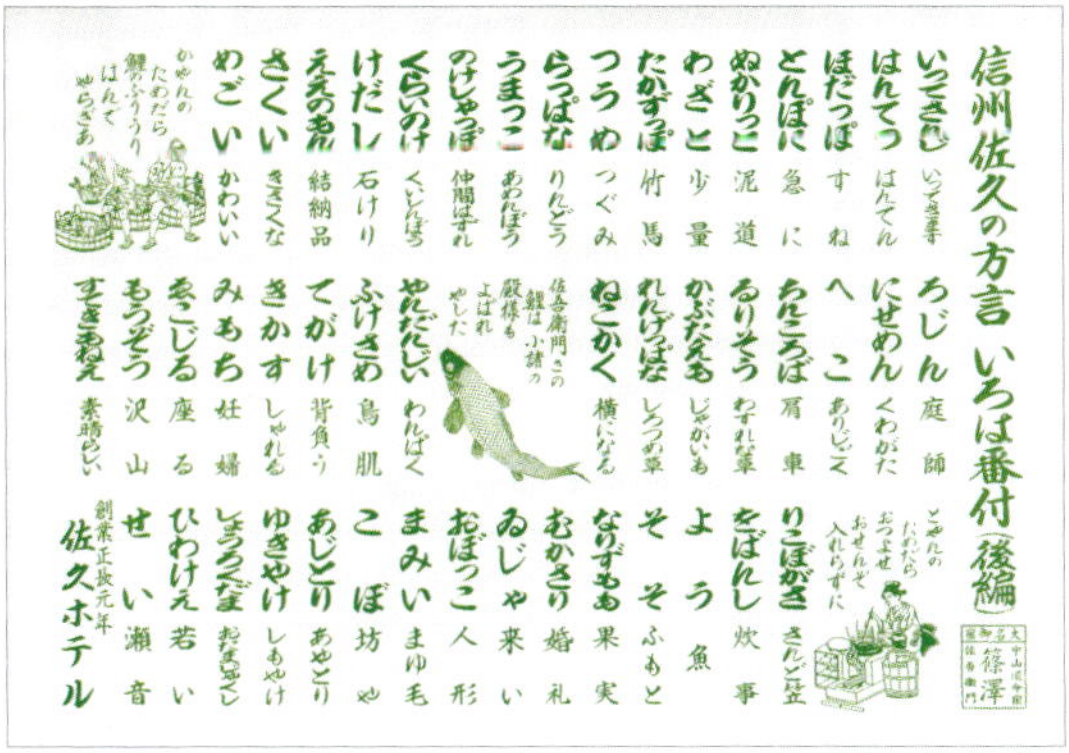

㉗「ランチョンマット」【第10回】

㉘「おざんざ」【第40回】

㉙「ずくいらず（即席みそ汁）」【第55回】

㉚「方言てぬぐい3種」【第150回】

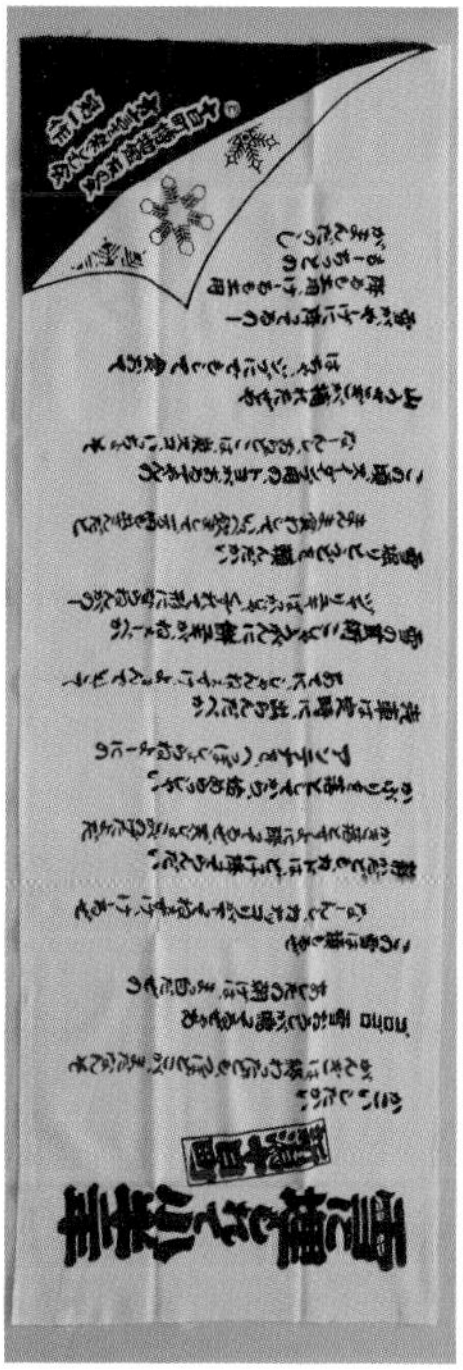

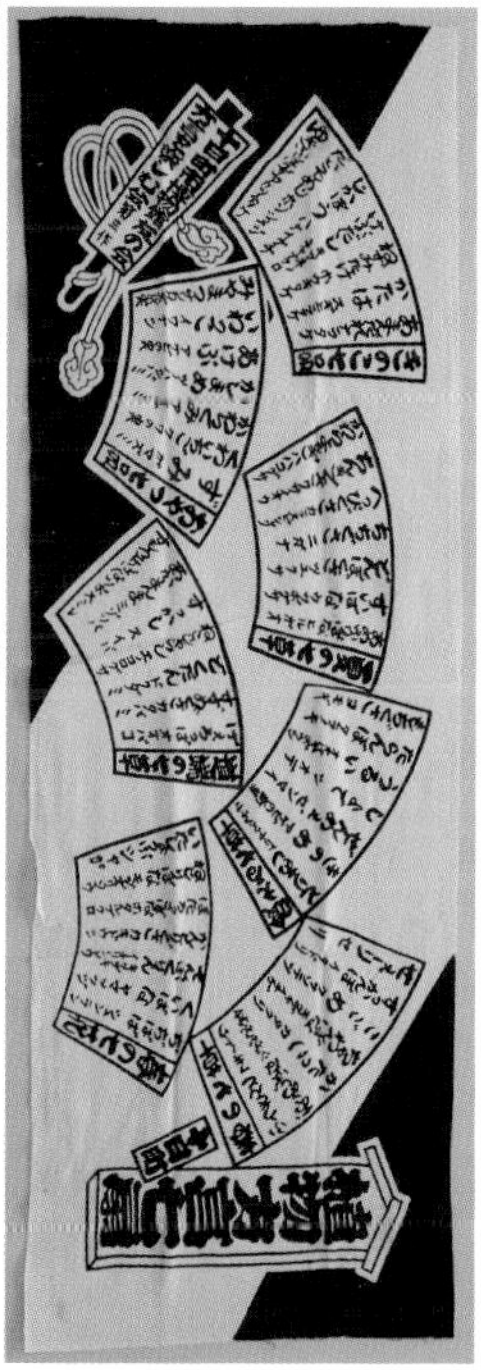

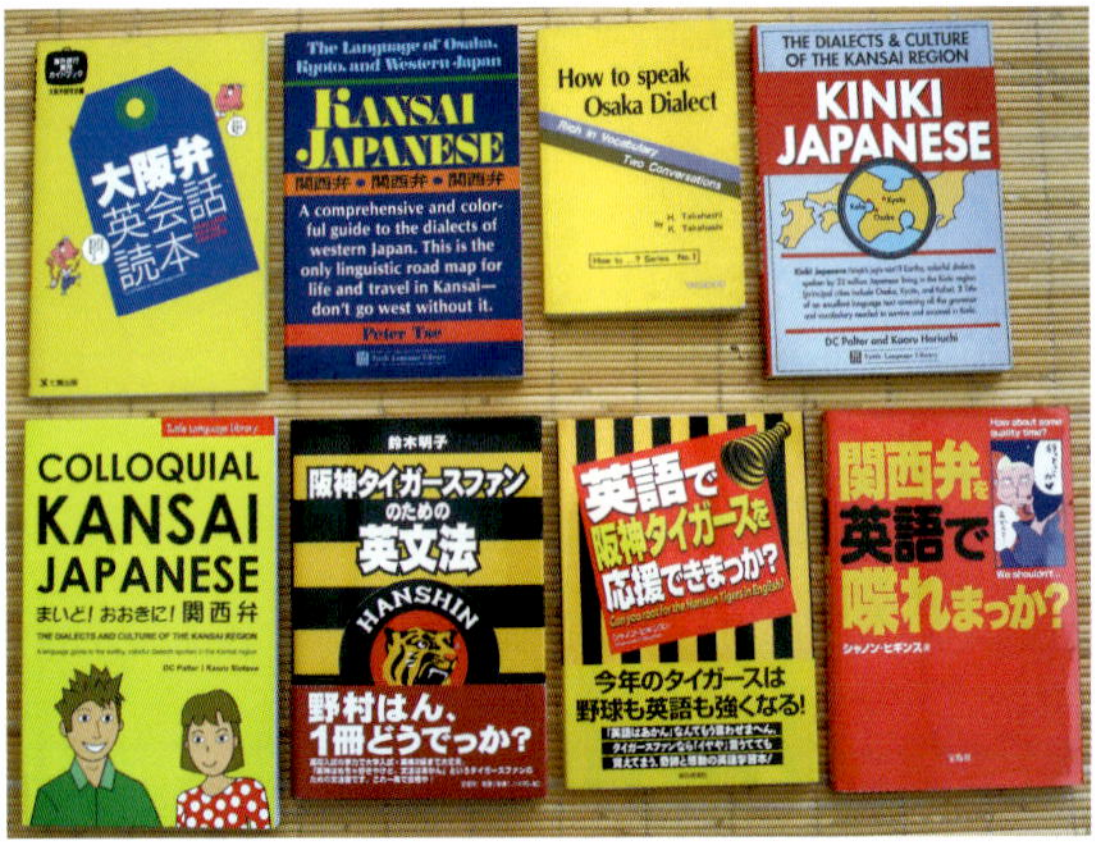

関西弁と英語の対訳本のいろいろ

㉛「関西弁英訳本」【第58回】

㉜「おいでなんしょ」など【第155回】

Word-Wise Book

魅せる方言

地域語の底力

井上史雄
大橋敦夫
田中宣廣
日高貢一郎
山下暁美
著

三省堂

まえがき

この本は、方言について、共同で新しい切り口から考えた成果です。方言はふつう口で話され、耳で聞くものです。昔は地方の方言が文字に書かれることはまれでした。ところが最近は方言が文字に記され、目で見られるようになりました。道端の看板や、広告に使われ、新聞や雑誌にも書かれます。

一方、方言みやげは昔から観光地で売られていましたが、今は種類が違っています。方言みやげの収集家は前からいましたし、道端の方言看板を記録する人もいました。しかしデジカメが普及したので、見かけたら必ず撮るという形で徹底的に記録する人が出てきました。そのあたりに興味を持つ仲間が五人集まって、共同作業として毎週交代でエッセイをインターネット上に書くことになりました。それぞれ居住地と行動範囲が違うので、全国、そして世界の各地を広くカバーできました。

始めてから五年以上。量が増えたので、一冊の単行本にまとめることにしました。ただし全部出すと何冊分にもなってしまうので、精選版を出すことにしました。各自が自分の担当分から選び出し、他の人の案と引き比べて入れ換えて、この本になりました。

全体を三部に分けました。一般の人にも分類基準が分かるように、書かれた方言を買えるか買えないかで分けて、第一部と第二部にしました。また海外の方言にも視野を広げました。さらにインターネットを活用すると、日本だけでなく全世界の方言看板を見ることができます。これを第三部にしました。

全体を振り返って位置付けると、方言は今や経済価値を持ち、魅力を持ちはじめたと、まとめられます。方言を文字に書くことにより、モノが売れるというのは、直接的な経済活動につながります。また方言で書くことによって、事故が減ったり、マナーが向上したり、人々が元気づいたりすれば、間接的に社会の経済性を高めます。方言が経済的に活用される時代になったのです。方言がプラス評価をもって使われるわけで、これが「魅せる」という表記を題名に使った理由です。

皮肉なことに、近頃実際に方言を耳にする機会は減っています。全国あちこちの駅に降り立ち、また空港に着いても、方言を話している人を探すのは難しくなりました。それと反比例するかのように、駅や空港で方言を使ったみやげものが売られ、ポスターや歓迎のあいさつに方言が使われます。方言が使われなくなったために稀少価値が生じたと考えることもできます。

この本では、少しでも楽しく、美しくと思い、巻頭にカラーページを入れて、実例を多く示しました。また各エッセイにも写真を入れました。実はインターネット版ではカラー写真がもう少し多く入っています。この本が出たからといって、ウェブから削除するわけではありません。傍らのパソコンで三省堂のウェブページを開いて、両方を比べながら読むという手もあります。URLは以下ですが、「地域語 三省堂」で検索しても出てきます。http://dictionary.sanseido-publ.co.jp/wp/

テレビドラマを見るのに、原作の小説をかたわらに置くのと、似たパターンでしょうか。この本のほうが、ストーリーにまとまりと連続性がありますから、きっと楽しんでいただけるでしょう。書く方も、毎週新しいことを報告しながら、楽しんで書きました。その雰囲気が読者の皆さんに伝われば幸いです。

そういえば、方言看板はすべてを記録するわけにはいきません。第三部で述べるように、虫のように各地を這いまわらないと記録できないからです。読者の方々が思いついて、ケータイのカメラなどに記録してくださると、後に貴重な資料になるでしょう。三省堂のウェブサイトの問い合わせページから我々グループ宛てと明記して送っていただければ、大事に保存し、できれば公開したいと思います。

この本では日本国内の身の回りの方言を集めるのが出発点でした。しかし同じ現象が海外にも見られます。

歴史的増え方については、触れることができませんでした。しかし以下のように、もっと大きく位置付けることができます。

身の回りで方言が文字に記されるのは、方言が話しことばから書きことばに機能を広げた証拠なのです。古代以来文字に記されるのは、国家の標準的なことばでした。民衆のことばが文字に記されるのは、人類の歴史、文字の歴史からみると新しいできごとです。ヨーロッパの諸言語は中世にラテン語に代わって文字に記されることで、書きことばとして確立し、近代国家の標準語・公用語に成長しました。今同じヨーロッパで、他の少数言語も文字に記され、公用語扱いを受けつつあります。また世界各地の方言も、文字に記されはじめています。

古代日本でも漢字を使って記されたのは、最初は中国語（漢文）でした。かなができきて平安朝の日常の日本語が書きことばとして定着しました。近代になって、東京のことばが書きことばとして確立しました。現代の日本語の諸方言が文字に記されるのは、日本語の歴史の流れの発展です。また世界中の少数言語や方言が文字に記される大きな潮流の一部なのです。

現在、世界中の言語や方言が絶滅の危機に瀕している流れに対抗して、ことばが活躍できる場面を増やし、活力を保ち、保存しようと動きがあります。文字に記すことは、地位上昇の重要な手段です。あたりまえに書かれることによって、少数言語や方言への抵抗や差別意識が薄れる効果があります。文字に記すには、わずかながらお金と時間がかかりますが、それを超える間接的経済効果があるのです。現在「社会言語学」「言語経済学」や「景観言語学」と呼ばれる研究分野が盛んになりつつあります。この本はささやかながら、その方面への実証的資料提供という、まじめな役割も果たします。

我々五人は科学研究費を受けて、目に見える方言資料の「ヴァーチャル博物館」を作ろうと、企画しています。展示室のスペースが要らず、全国・全世界のあちこちの人に見ていただけます。三省堂のウェブページでの連載はその手始めです。今後にご期待ください。

著者一同

《注》
- 本文中、【W48-1】などとあるのは、三省堂の辞書ウェブサイト（4ページ参照）の連載「地域語の経済と社会」で画像が見られるものです。この例の場合、「48」は掲載回を表し、「1」はその回の何枚目の写真であるかを表しています。また、各記事の末尾に（山・174）などとあるのは各記事の筆者略称と連載回を表しています。
- 本書はウェブサイト連載の第1回（二〇〇八年六月）から第174回（二〇一一年一〇月）までの中から回を抜粋して再構成し収録したものです。
- 本書に収録した写真はほとんどが取材当時のものであり、その後、使用されなくなったり、名称やデザインが変更になったりしたものがあります。
- 建物の名称や状況は原稿執筆時のものですが、一部注記を入れたものもあります。

第一部

見せる方言・買えない方言

第一章 方言エール

「地域語の力」―東日本大震災復興の方言メッセージ（一）

二〇一一年三月十一日午後二時四十六分の激しい揺れから始まった「東日本大震災」、地震本震とその約三十分後の大津波の大きな被害は、皆さんも報道等で既によくご存じだと思います。尊い命をなくされた多くの方々に謹んで哀悼の意を表するとともに、被災された方々にお見舞い申し上げます。私の住む岩手県宮古《みやこ》市でも、甚大な被害を受けました。あれから二年経ちましたが、時が止まったようで、まだ昨日のことのようです。

そのなかで、地域語が大きな力となっています。被災者や復旧支援者が、各地の地域語で、復興の方言メッセージを掲げ、精神力を高め、体力を振り絞り、不自由な生活のなか奮闘しています。この活用法を「方言エール」と呼びます。ここでは、それらのほんの一部の例を紹介します。

大きく三種類になります。各々説明します。

(ア) 被災者など個人の手作り：被災者たちが、方言を、まず生存、次に長期避難生活、さらに再建のかけ声として、避難所内や倒壊した自宅に掲げました。「がんばっぺ高田」や「がんばっぺぇーす宮古」などです。当初多くは避難先の学校にあったマジックや模造紙または段ボールを使った手書きでしたが、その後、パソコンで作成された

【写真1】

ものが掲示され、業者製品も出てきました。また、被災地出身者が、現生活地において、出身地の方言の地域言語により提示した例もあります。

（イ）企業やマスコミ、行政など：被災地内で被害を免れた大型商業施設を中心に、緊急閉店となっても、自主的に避難所となり、未販売の食品を避難者に分配し、または、翌日から青空営業を始め、方言エールを掲示していきました【写真1】。マスコミでは、（ア）のような例を放送しつつ、自らもフリップを作成しました。また、役所でも方言エールを提示したところがあります。

（ウ）外部からの救援／支援／激励：震災直後の自衛隊の災害派遣隊による救援、警察やボランティアなどの支援、また、一般の慰問や職業芸能人の激励など、大勢が被災地を訪れ、派遣先の地域語による方言エールを掲示しました【写真2】。

こういう厳しい時にも、地域の力となり、人々を元気づける底力が、方言にはあるのです。

なお、この大震災により、これまで紹介した方言の有効活用例や関連企業にも被害が及び、中には消失したものもあります。その状況はウェブ連載の第151回で報告しました。第151回は、ウェブ連載でどうぞ。

（田・146）

【写真2】

《謝辞》陸上自衛隊第十一旅団、および、みやこコミュニティ放送研究会におかれては、この項の資料につきまして、特別の便宜を図ってくださいました。被災地での活動中にもかかわらず、ご協力を賜りましたことに対しまして、深甚なる謝意を表します。ありがとうございました。

「方言エール」─東日本大震災復興の方言メッセージ（二）

12〜13ページで「『地域語の力』─東日本大震災復興の方言メッセージ」として、「がんばっぺ高田」などの方言エールを紹介しました。

震災直後に、生存者が命をつなぐ、という切実な状況下で自然に出て、数か月経過すると、手作りから業者製品になってきました。

あとの代表例の表の（ア）〜（ウ）（12〜13ページと同じ分類）をご覧ください。方言エールは、表現が類型化されています。構成は「エール＋地名」が基本です。エールの部分は、各分類で傾向があります。自衛隊では、命令形「けっぱれ」や勧誘の「がんばっぺ」（12〜13ページで紹介）のほか、意志の「まげねど！女川・石巻」もあります。企業や個人では、ほとんどが勧誘です。「おらもがんばる」は意志のようですが、「─も」により全体は勧誘の意です。

（ア）被災者など個人の手作り

アA　頑張っぺ　福島・東北・日本（ワッペン）　非営利会システム　FRIENZ会

（イ）企業やマスコミ、行政など【W156-2】

イA　がんばっぺす宮古　株式会社文化印刷、岩手県宮古市【写真1】

イB　おらもがんばる　同右、同

イC　みんなでがんばっぺす宮古　ジョイス宮古千徳店、同

イD　ガンバッペシ山田宮古！　咖喱《カリー》亭、同

【写真1】

イE　がんばっぺす三陸　けっぱれ宮古　ガソリンスタンド、同
イF　がんばっぺす！みやこ（Tシャツ）販売員、同
イG　がんばっぴし宮古　高屋敷整骨院、同
イH　大船渡やっぺし祭り（ポスター）同祭実行委員会、岩手県大船渡市

（ウ）外部からの救援・支援・激励
ウA　けっぱれ！岩手・山田町　陸自（岩手）、岩手県山田町役場
ウB　けっぱれ！岩手　陸自（岩手）、岩手県大槌町内避難所
ウC　けっぱれ！岩手　陸自（青森）、岩手県宮古市内避難所
ウD　まげねど！女川・石巻　陸自（香川）、宮城県石巻市

その他、「方言エール」に応えるものなど、これらに関連する方言メッセージも掲げられました。

関A　おでんせ　ふじ丸　客船ふじ丸＝被災民への食事やカラオケの提供支援（宮古港）【口絵写真②】
関B　どうも　おおきに　宮古駅前交番＝救援隊への謝辞と慰労【写真2】
関C　およれんせ！末広町　宮古あきんど復興市＝津波被災商店街のイベント

【写真2】

地域語は、厳しいとき人々を元気づけるのに共通語より直に心に響きます。私自身も、被災地生活者の一人として再建に努力します。

なお、第151回で方言の有効活用例の震災被害を報告しましたが、大きな損傷を免れたり、業務再開に向け努力している例もあります。それらを21～22ページで紹介する予定です。第151回は、ウェブ連載でどうぞ。

（田・156）

●「方言エール」—東日本大震災復興の方言メッセージ（三）

12～16ページで東日本大震災の被災地における方言エールを報告してきました。14～16ページにおいては、その類型を考察し、構成は「エール＋地名」が基本であることがわかりました。エールの意味には、発信源と被災者の立場の関係も的確に反映されています。地元の人が発信源なら勧誘（がんばっぺし、ほか）、外部からの救援の自衛隊のものでは意志（まげねど）のほか、命令（けっぱれ）がありました。

今回は、方言エールの考察の三回目として、その応用例について考えます。

外部から被災地を訪れる方は、震災直後からは救援隊でした。それが、岩手県と宮城県では二〇一一年八月までに、福島県では同年十二月までに自衛隊が完全撤退するなど、救援の段階は、ひとまず収まりました。今は、全国各地からの警察の応援やボランティアといった支援隊、そして、芸能人やその他の激励の皆さんです。その激励の皆さんも、方言エールをくださいました。

芸能人は、訪れた先で色紙にサインを残しますが、それに方言エールを添えた例が多数あります。発信源は外部からの激励者ですが、訪問した被災地（今回の例は、岩手県宮古市）の方言「がんばっぺ（す）」による方言エールです【W166-1】。宮古市の「魚菜市場《ぎょさいいちば》」内に全部で四十六組のメッセージとサインの色紙が掲示されたなか、ノンスタイル、まちゃまちゃ、ハリセンボン、ロザン、麒麟、笑い飯の六組が方言メッセージを残してくれました。

また、激励者側の地域の方言を使った珍しい例もあります。沖縄の「那覇太鼓」の大きな日の丸です【写真1】【口絵写真③】。沖縄の方言で「チバリヨー

【写真1】

東北」です。岩手県内各地では八月にエイサーなどを披露しました。寄せ書きは、被災者たちの感謝の言葉です。同団体のウェブサイト内には、元の図案の画像があります。

それと、被災地発信のものも、二つの方向に発展（進化）しています。

一つは、構成の応用です。岩手県立宮古高校の文化祭のポスターの方言エール「ガンバッペ宮高」は、「エール＋校名」になっています。最初は基本の「エール＋地名（宮古）」だったのを、後に修正したものです。あまりに多い「ガンバッペ宮古」のままとせず、独創性が出ています【口絵写真④】。

もう一つはデザイン化です。14～16ページの【写真1】の岩手県宮古市の方言ステッカーでその萌芽が見られ、21～22ページの【写真1】の岩手県陸前高田市の「がんぱっぺし」では、現在の同市の象徴としての希望の一本松を中心に実に整った図案となっています。

宮古市でも、陸前高田市の例にもあった方言エールのローマ字表記を混ぜる方式が採用された図案が用いられています【写真2】。

【写真2】

（田・166）

●——動く「方言エール」—東日本大震災復興の方言メッセージ（四）

12〜18ページにわたり、東日本大震災に関連する「方言エール」について紹介してきました。今回は、〝動く〟方言エールを紹介します。ポスターや看板などの、場所が固定された掲示物と異なり、動くので、見る人も多くなります。

まずTシャツです。14〜16ページに「イF がんばっぺす！ みやこ（Tシャツ）」を紹介しましたが、最近、方言エールをプリントしたTシャツが多く見られます。Tシャツなので、着ている人が動けば、方言エールも一緒に動きます。

方言エールは、胸側、背中側の両方ともあります。14〜16ページで紹介した例は左胸に小さく（楕円の長径約10センチ）ですが、最近のものは、胸側でも背中側でも大きく描いています。

描かれる方言エールは、基本的なものでは「がんばっぺす！ みやこ」や「がんばっぺ東北」【W171-2】があります。「がんばっぺ東北」は関連するステッカー類も発売されています。

また、ローマ字の「Ganbappe 3.11」【W171-3】もあります。袖にはかなと漢字の表記もされ、やはり、ステッカーもあります。

派生形もあります。たとえば、近年流行の当て字的な書き方による「顔晴っぺみやこ！」です。読み方は、「ガンバッペ」ですが、この書き方には、顔が晴れ晴れするように、悲しみを乗り越えて、の意味があるといいます。【写真1】

別のことばでは、「負けねぞ釜石」や「がんばっつぉ!! 宮古」【W171-4】が

【写真1】

あります。

方言ではなく、なんと英語も登場しました。「REVIVE MIYAKO」（私の訳で〈よみがえれ宮古〉とします）【W171-5】です。岩手県宮古市に救援に駆けつけた各都道府県警察に感謝したTシャツです。

〝動く〟と言えば、バスもありました。高速バスの後ろに「けっぱれ！東北‼」とありました【写真2】。私が確認し得たなかでは、これが最も速く動く方言エールです。

現在、Tシャツは、10枚程度から、オリジナルを注文して作成できます。ユニフォームにしているグループも多くあります。つまり、方言エールTシャツは、いくらでも作ることが可能なのです。バスに出合うことがあるかもしれません。皆さんも見つけましたら、私たちに教えてください。

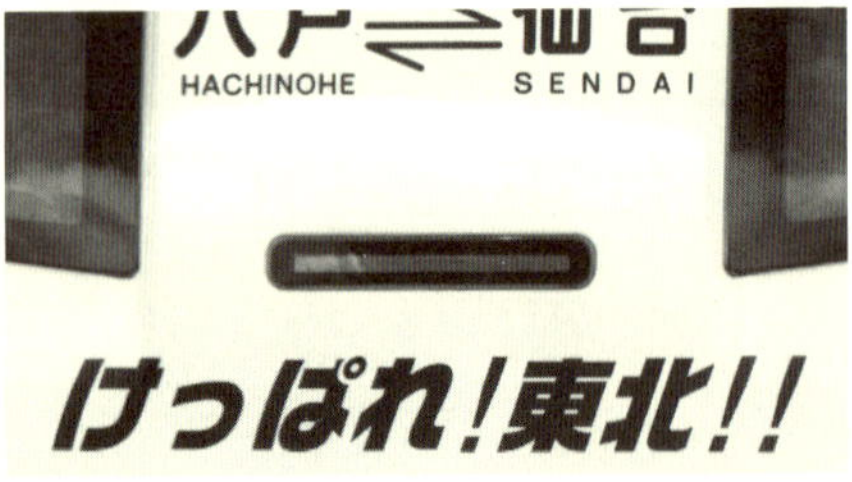

【写真2】

（田・171）

●——復活を期す方言の有効活用例

第151回で「東日本大震災の被害」を報告しました。第151回は、ウェブ連載でどうぞ。それらのなかにも、再起を期すものや現実に活動を再開したものがあり、今回は、それらの例を紹介します。

①岩手県陸前高田市八木澤商店「おらほの味噌」他【写真1】

第151回での被災状況の報告のとおり、同市は市内の平地部分が壊滅してしまいました。そのなかで同社は、同業者の支援も得て企業活動を再開しています。再開製品には高田松原約七万本のうち一本だけ残った希望の一本松をあしらった「がんばっぺし（GANBAPPESHI IWATE・RIKUZEN TAKATA）」の方言エールを着けています。

②三陸鉄道（南リアス線、35～36ページに紹介）

同線も津波の被害を受けました。そのなか、一編成が、鍬台《くわだい》トンネル（全長三、九〇七メートル）に取り残されたため無傷で、二〇一一年六月二十四日、最寄りの吉浜《よしはま》駅（大船渡市）に回送されました。全線での運転再開は二〇一四年四月を予定しているということです。同線は路線の大部分が高台を通り、津波被災地の全滅状態の鉄道では早い復旧が期待されます。

また、同回で紹介した恋《こい》し浜《はま》駅（大船渡市）も高台に位置し、健在です。

③岩手県宮古市「シートピアなあど」【写真2】

方言ネーミングの複合施設です。「なあど」とは、同地の方言で「どうして」「なぜ」「どのようにして」という意味です。古代語の「なでふ」（読み方「ナジョー」）に由来します。

【写真1】

同施設は海に面していて津波の被害は甚大かつ深刻です。それでも、従業員の的確な誘導により、従業員や客など全員が近くの高台に避難して人的被害はありませんでした。私のゼミの卒業生が従業員で、あと数分遅かったら危険であったとの話でした（彼女の実家は流失）。

施設全体は営業停止中ですが、そのなかの一部、農産物産直部門だけ、場所を変えて営業を再開しました。

④宮城県「うまいっちゃ！　みやぎ亘理　仙台いちご」【写真3】

方言メッセージ入りの亘理《わたり》町《ちょう》と山元《やまもと》町《ちょう》の名産のいちごです。産地の94％と箱詰め場（亘理町）が壊滅的被害を受けました。しかし、被害を免れた地区を中心に出荷を継続しています。詳しくは、宮城県亘理農業改良普及センターの「仙台いちご出荷継続のニュース」で報告されています。

（田・161）

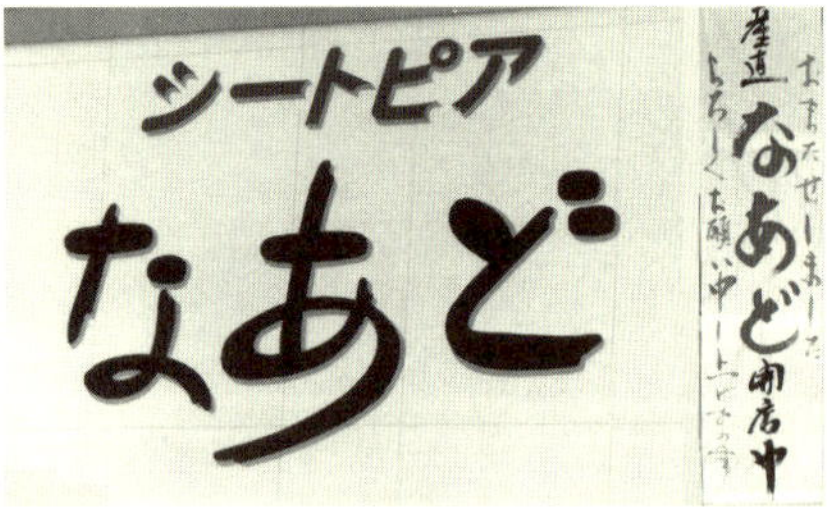

【写真2】

【写真3】

《注》「シートピアなあど」は、タラソテラピー施設（写真に写っている部分）を解体撤去し、産直店舗やレストラン部分を、「道の駅・みなとオアシスみやこ〔シートピアなあど〕」として、二〇一三年七月六日、二年四か月ぶりに戻ってきました。

「東日本　応援しまっせ～!」

「東日本　おうえんしまっせ～!」【写真1】は、大阪でたまたま入ったたこ焼き屋さんの壁に貼られていたものです。

今、街角では、「がんばろう」「きずな」「つながり」など、日本が元気を取り戻すために何かをしようと呼びかけるスローガンが、たくさん見られます。売上金の一部を義援金として寄付すると書いてありました。同じ場所に、「ホントにありがとう!!」「ありがとう感謝です！！！」「大阪サイコー!!　岩手サイコー!!」「本当にうれしかったです。ありがとうございます。がんばります。」などと、返事が書かれていました。のんきにたこ焼きなど食べに入ったのですが、（たこ焼きは全部平らげた上で）さわやかな気持ちで店を出ました。

「がんばる」について、（ポライトネス理論でいう）心理的負担度から考えてみると、①「けっぱれ」（命令形：被災地の方々にさせる）を、無念でつらい思いでいっぱいの被災地の方々に使うのは、無情というものでしょう。一方、②「がんばっぺ」（がんばろう）は、勧誘形で、自分も被災者もいっしょにがんばるという意味になります。③「応援しまっせ」は、自分がするから、被災地の方々は何もしないでいいという意味合いです。

「おうえんしまっせ～!」に関連した表現をGoogleマップで調べると、①「けっぱれ」（二三件・二〇一一年六月二十一日調べ。以下のマップも同日）は、北海道・青森・東京・名古屋で、被災地の外側に分布しています。東京・名古屋は、青森豚そばなどの店の例です。②「がんばっぺ」（二〇一件【写真2】）は、宮城県・福島県・茨城県・東京都で、被災地に分布しています。東京都はおそらく東北地

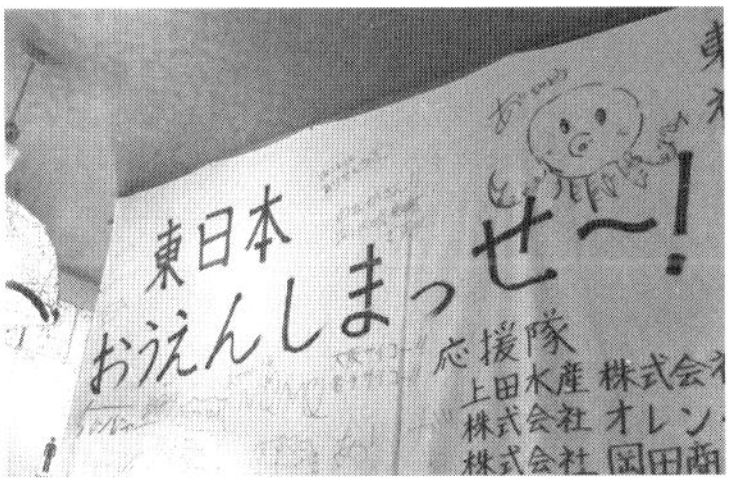

【写真1】

方出身の方が書き込みなどされたのでしょう。共通語の①「がんばれ」（五、五六四件【W159-3】）は、全国的で、①「けっぱれ」、②「がんばっぺ」と互いに補いあって重ならない地域に分布しています。

被災地の方々には、③「応援しまっせ〜！」が心理的負担度をもっとも軽減できるメッセージといえましょう。大阪から「がんばれゆうな、みんな、がんばっとんねん」という声が聞こえてきそうです。阪神淡路大震災を経験した地域だからこそと思えます。しかし、言語表現に細やかな配慮を込める関西人の発想とも考えられます。

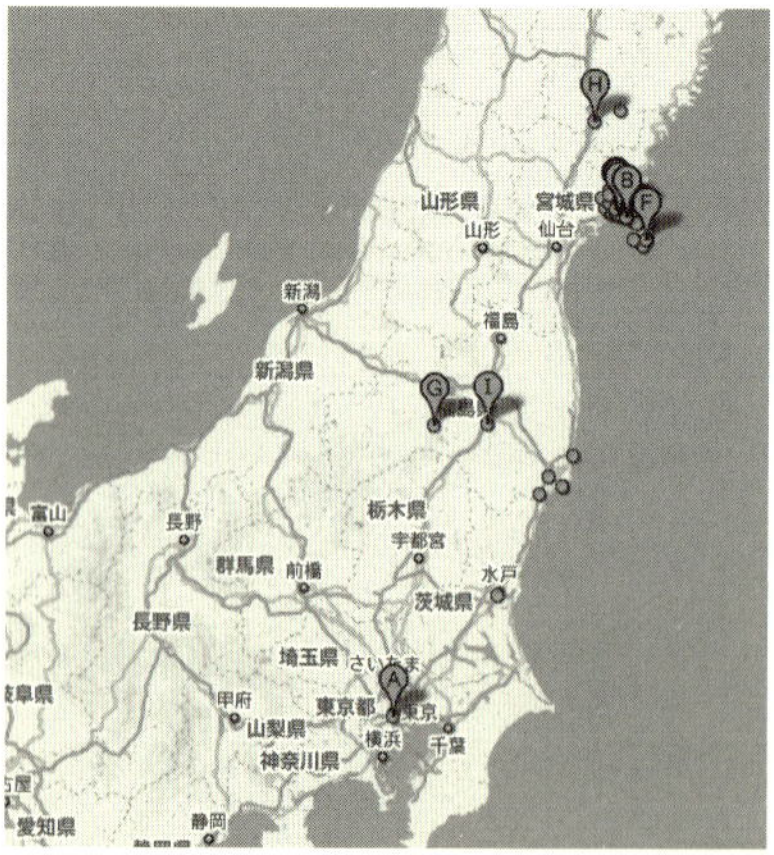

【写真2】

Googleマップ関連データは、http://dictionary.sanseido-publ.co.jp/wp/author/innowayf/を参照してください。

（山・159）

●──「めげねぞ!!　福島」

東日本大震災から約七か月が過ぎたころ、各地で復興祭が行われています。福島県の復興に対する意気込みがようやく言語表現の形でも見られるようになりました。昨夏、福島県を訪れたところ、「めげねぞ!!　福島」（めげないぞ）【写真1】、「復興にむけてがんばっぺ」（がんばろう）、「応援ありがとう、がんばる福島」、など、将来を見つめる姿勢がうかがえるキャッチフレーズを見かけました。このように方言は、地元の人々の気持ちを強く束ねるのに威力を発揮します。また、強い主張にもパンチを添えます。

福島では、商店街を「福の島」と名づけて「がんばっぺ！　福島！　いいとこいっぱいあっつぉい」と呼びかけました【写真2】。（いいところがたくさんあるよ）の意味です。「おそぐなっつぉい」（おそくなるよ）、「おそぐなるぞい」など「ツォイ」「ゾイ」が共通語の終助詞「ゾ」や「ヨ」の役割を果たします。「ツォイ」は、奥羽地方に聞かれます。それに対して、「ゾイ」は、栃木県・石川県・岐阜県をはじめ四国地方でもよく聞かれます。

ご当地を支援する物産展も開かれました。「がんばってっつぉい！」（がんばってるよ！）【W174-3】に全国からの支援に応える気持ちが託されています。

（山・174）

【写真 1】

【写真 2】

●──もう一つの「方言エール」

東日本大震災による被災地に向けての方言メッセージ（12〜13ページ）・方言エール（14〜20ページ）が紹介されています。

こうした現地での例に加え、被災された方たちを受け入れている地域での、方言を活用した取り組みをご紹介しましょう。

にいつ子育て支援センター・育ちの森（新潟市秋葉区）では、子育て支援情報誌『Cocokara（ここから）』を発行中。新潟県外からの転入者に好評を博してきた方言解説ページ（各号連載）を集成、大震災後に新潟県に避難してきた方々を対象に『新潟の方言講座＆子育てミニ情報』（Ａ４判、全27ページ）を作製し、配布しています【写真１】。

方言講座は、

【かたる】子どものおもりをする

例　おれがかたるて。

〈訳〉私が子どものお守りをしますよ。

のように構成され、かわいいイラストが誌面を楽しいものにしています【写真２】。

『新津市の方言』（新津市図書館発行）を参考資料に、百二十語が五十音順に紹介されています。

「イントネーションがわからないときは育ちの森スタッフまでお問い合わせください」

の注記も添えられています。

【写真１】

方言講座（10ページ）に続く後半は、避難所周辺のお薦めスポット・医療機関・授乳中の母親向けの体操などを紹介しています。

この冊子を手にされた方々の反応について、お問い合わせをしたところ、

「福島には、こんな方言があるよ」

「新潟の○○という方言は、福島では○○と言うよ」

「イラストも楽しく笑えて良かった」

など、上々のようです。

作製・配布にあたられた椎谷照美さん（育ちの森館長）は、「コミュニケーションをとるきっかけになることを意図し、避難されてきた方が、近隣の公園などを知ることでリフレッシュでき、少しでも新潟に親しみをもってほしいと願い発行しました」と、話されています。

読者の皆様、同様の取り組みをご存じでしたら、お知らせください。

（大・160）

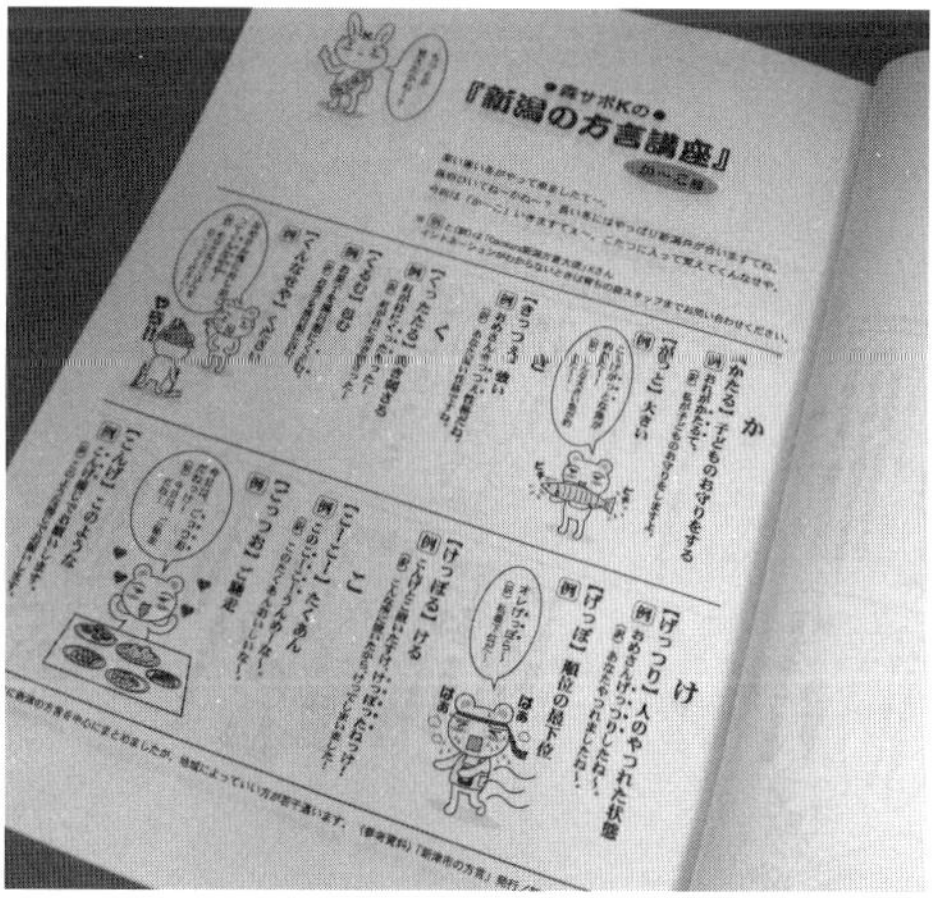

【写真2】

●口蹄疫に負けるな！　宮崎県

二〇一〇年、宮崎県で家畜の伝染病「口蹄疫《こうていえき》」が発生して猛威をふるい、「宮崎牛」のブランドなどで知られる宮崎県の畜産は甚大な被害を被りました。

発生が最初に確認されたのは四月二十日、県中部の児湯郡《こゆぐん》都農《つの》町《ちょう》でした。以後、県西南部えびの市に飛び火し、さらに宮崎県内の六市五町に拡大。宮崎県や農林水産省、関係団体などが懸命の対応で防疫と拡大防止に奔走しましたが、結果として約二十九万頭に及ぶ牛や豚が殺処分されることになりました。発生以降、畜舎の徹底消毒はもちろんのこと、家畜の移動制限や搬出制限、多くの人が集まる行事等の自粛、県内を通行する車などにも徹底した消毒・防疫体制が敷かれました。

そのかいあって、「非常事態宣言」が解除されたのが七月二十七日。それからひと月後、八月二十七日に発生確認から百三十日目にしてようやく「終息宣言」が出されました。この間、全国各地から、多くの義援金や励ましの声が寄せられ、力強い応援・支援に支えられて、いま懸命に立ちあがろうとしています。が、本当の復興・再生はこれからです。風評被害があったり、観光客のキャンセルなども少なくないとのこと。エース級の種牛が残ったのがせめてもの救いですが、ウイルスの侵入経路は未解明のままで、依然として不安は残っています。もとのような元気な町や県の姿に戻るには、何年かかるのでしょうか……。今後、関係

【写真1】

【写真2】

者を中心に、県民挙げての努力が続きます。

その渦中にあって、被害が最も集中し、対応に追われている町の一つが、宮崎県中部に位置する児湯郡川《かわ》南町《みなみちょう》です。町の中心部の商店街「トロントロン通り」には「がんばっどぉ!! 川南」という、肉太の筆文字の横断幕が掲げられています【写真1】。

「〜すっど」は強い決意や意志を表し、共通語の〈〜するぞ〉に当たります。町商工会のメンバーで話し合い、何とかこの苦境をみんなで力を合わせて乗り切りたいという思いと願いを込めて制作したのだということです。

もうひとつ……。県南西部の中心都市・都城《みやこのじょう》市も、県内はもとより、国内でも有数の畜産の盛んな地域ですが、やはり口蹄疫禍に見舞われました。都城市役所と国道一〇号線を挟んで向かい合った明道《めいどう》小学校の運動場の防護ネットにも、方言を活かした横長の大きな幕が掲げられました【写真2】。

「きばっど! みやざき!! 口蹄疫に負けるな!!」と力強い字体で大書され、その周りには子どもたちが書いた牛と豚の顔のイラストとメッセージがびっしりと書かれています。「きばる」は「気張る」で、〈元気を出す、気力を奮い起こす、一生懸命取り組む〉という意味。「〜ど」は先の川南町の場合と同じです。

「がんばるぞ! 負けないぞ!」という決意を表すことは、共通語でも方言でも可能ですが、共通語で表現した場合と比べて、やはり方言のもつ訴求力、迫真力、直接性の強さが印象に残ります。――自分たちの強い思いを、実感を込めた自分たちのことばで表現したい!――これらの横断幕は、その言語効果を考えての方言活用だったと考えられます。

口蹄疫に負くんなよ! 頑張らんとだめど 宮崎県!!

(日・118)

《参考》

①川南町のウェブサイト（http://www.town.kawaminami.miyazaki.jp/index.jsp）の「新着・更新情報」から『広報かわみなみ』第一一五号（二〇一〇年七月七日発行）を探すと、その表紙に「がんばっどぉ!! 川南」の横断幕の写真が見られます。

②都城市立明道小学校のウェブサイト（http://www.miyazaki-c.ed.jp/miyakonojo-meido-e/）の「サイト内の検索」に「口蹄疫」と入力して検索すると、都城でも口蹄疫が発生したことを受け、児童たちと何かそれに対する活動をしたいと、ＰＴＡの発案で横断幕が企画されたことや、体育館での横断幕制作中の写真などが紹介されています。

第二章　方言メッセージ

「かきくけこ」―五文字で完結する観光の方言メッセージ

ここ数回（第31回、第32回、第36回、第37回、47～48ページ、第41回、ほか）で観光の方言メッセージについてお話ししています。今回もこの話題です。第31・32・36・37・41回については、ウェブ連載でどうぞ。

今回取り上げるのは、「かきくけこ」【写真1】です。

このたった五文字が、観光の方言メッセージになっています。

発信元は岩手県山田町で、目的は観光客の「誘致」です。

「かきくけこ」は、二〇〇八年からテレビCMで放映され、二〇〇八年度「ふるさとCM大賞」に輝きました。岩手朝日テレビウェブサイト内『ふるさとCM大賞』「２００８年度受賞作品」のページ（http://www.iat.co.jp/FurusatoCM/2008prize.html）から〝実物〟を見ることができます【写真1】。年配の人たちが、「カキー、クーケーコー」と一部の音を延ばして発音して女の子（みさきちゃん）を呼びます。

その「かきくけこ」の意味は次のとおりです。

「かき」は、牡蠣です。山田町は、岩手県の太平洋沿岸地帯の中部に位置し、牡蠣の養殖が盛んです。牡蠣や帆立の養殖棚で一面が覆われた山田湾は、なかなかに壮観です。東日本大震災の大損害から復興に向け、養殖を再開して

【写真1】

います。

「く」＝「クー」は、（牡蠣を）「食う」ですね。

「け」＝「ケー」は、理由の「から」です。山田町や宮古市、久慈市など岩手県の太平洋沿岸部で使われる語法です。正確な発音は［ケァー］で、普通の［ケー］よりも広く口を開けます。

「こ」＝「コー」は、「来い」です。東北地方の太平洋側（岩手県・宮城県・福島県）で使われます。例えば、「コッツァコー」〔こっちに来い〕などと使います。

以上より「かきくけこ」は、「（今から）牡蠣を食べるから、（あなたも一緒に食べに）来い」であることが分かります。

CMでも、牡蠣を焼いている場面に「カキ食うけぇ来お〔カキを食べるからおいで〕」との解説も併せて入ります。

また、二〇〇九年の「三陸山田かき祭り」のポスター【写真2】に採用されています。

【写真2】

「かきくけこ」は、私の担当回（第31回・第36回・第41回）で説明している、観光の方言メッセージの構成方式つまり〝型〟では、〝応用型〟です。第31・36・41回については、ウェブ連載でどうぞ。
山田町は〝基本型〟もきちんと押さえてあります。JR山田線陸中山田駅に掲示されていた歓迎メッセージ「山田町へよくきたなんし」【W46-3】（残念ながら、東日本大震災の火災により焼失してしまいました）です。
おめぁさんがど、いつど、やまださ　きなさんせ。〔みなさん、一度、山田へ　いらしてください〕
（田・46）

●——みちのくの夏

歓迎の方言メッセージには、季節ごとのバージョンもあります。第41回の岩手県JR盛岡駅の「よぐおでんした」は、ちゃぐちゃぐ馬こ（六月）、さんさ踊り（八月）でディスプレーを変えます。第41回は、ウェブ連載でどうぞ。

そのなかで今回は、夏だけに出す方言メッセージを紹介します。

盛岡駅では、駅ビル「フェザン」二階入り口のうちわ【写真1】です。メッセージは「よぐおでんした」で、朝顔そして風鈴とともに出され、夏らしさを演出しています。

もう一つは、岩手県JR宮古駅待合室の、夏の名物、夏の花（日替わり）入り「氷柱」【写真2】です。下の方に「みやこにようおでんした」（宮古によくいらっしゃいました）と方言メッセージがあります。

JR宮古駅には、一年中出されていましたが、見る人には「海」↓「夏」を思わせる歓迎メッセージがありました。大漁旗【W61-4】です。もちろん、このメッセージのために特別に作ったものです。駅の各所に掲げられ、デザインやメッセージはみな異なり、見る人を飽きさせませんでした。

また、長いメッセージもあります。「しゃっけぇ麦茶っこ　どうぞ飲んでがんせ」、意味は「冷たい麦茶、どうぞ飲んでください」【写真3】

【写真 1】

【写真 2】

です。場所は、岩手県の遠野駅です。待合室に置かれた冷水サーバーに大きく書かれています。

皆さんのお住まいの地方にも、季節ごとのメッセージがありましたら、どうぞ、私たちに教えてください。

なお、ＪＲ宮古駅では、歓迎の方言メッセージを記した大漁旗を震災以降取り外し、二〇一二年一月現在も出していません。また、二〇一一年の夏には氷柱を出しませんでした。歓迎のメッセージを出さないためのほか、製氷業者が被災したためのようです。これらが戻る日こそ、再建の日でもあると思います。

（田・46）

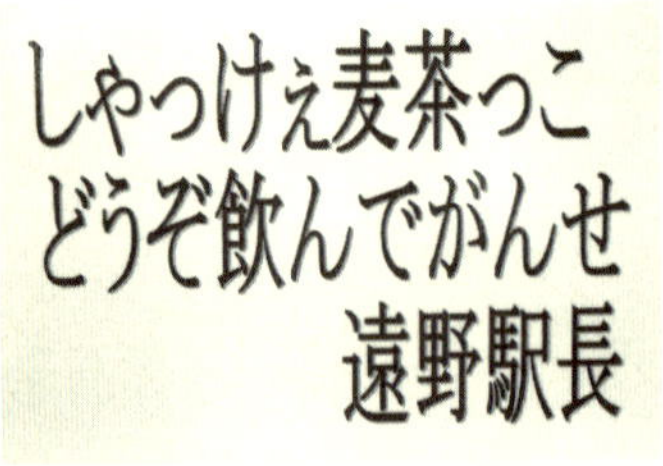
しゃっけぇ麦茶っこ
どうぞ飲んでがんせ
遠野駅長

【写真３】

●——ケセン語メッセージ

岩手県の太平洋沿岸地帯の南端部は、以前、「気仙《けせん》郡」でした。現在の行政区域では、釜石市唐丹《とうに》町・気仙郡住田町・大船渡市・陸前高田市です。場所を地図で確認してください。

ここでは「ケセン語メッセージ」を紹介します。

「ケセン語」とは、大船渡市の医師で方言研究家の山浦玄嗣《やまうらはるつぐ》さんによる、この地域の方言の呼び方です。日本語の中の「気仙方言」ではなく、別言語というわけです。この文章も、山浦先生の呼び方に合わせます。

ケセン語メッセージは、三陸鉄道に二例あります。「三陸さぁ　よぐきゃんしたねぇ！」〔三陸に、よくいらっしゃったねぇ〕と「三陸さぁ　まだきしゃっせんよ！」〔三陸に、またいらっしゃいよ〕【写真1】です。

「三陸」と言っても広いのですが、ここでは「気仙地域」を指しています。三陸鉄道には、ケセン語の地域を走る「南リアス線」のほか「北リアス線」がありますが、この両メッセージは、北リアス線の地域では聞かれない、ケセン語の表現です。南リアス線の一部の車両に掲示され、両方とも大船渡市の国立公園内の有名な景勝地の写真が使われています。

また、大船渡市の「恋《こい》し浜《はま》」駅にもあります。「寄ってがっせんやぁ～　恋し浜駅」〔寄ってらしてくださぃな　恋し浜駅〕【写真2】です。

「がっせん」は〔「ございませ」（「ございます」の命令表現）に由来します。同じ由来から、日本語（?）岩手県盛岡方言や遠野方言では「がんせ」【W81-4】、岩手県宮古

【写真1】

方言では「がん」「がーん」となります。

「がんせ」の終止形が「がんす」で、連載第21回のＮＨＫ盛岡放送局のキャラクター「がんすけどん」のもとです。第21回は、ウェブ連載でどうぞ。

なお、「恋し浜」駅は、以前は「小石浜」駅でしたが、駅名（表記）を二〇〇九年七月二十日に改めました。新しい表記は、駅誕生のとき（一九八五年）、それを祝って地元住民が詠んだ短歌「三鉄の　愛（藍）の磯辺の　小石（恋し）浜　かもめとまりて汐風あまし」【Ｗ81-5】にちなんだものだそうです。

（田・81）

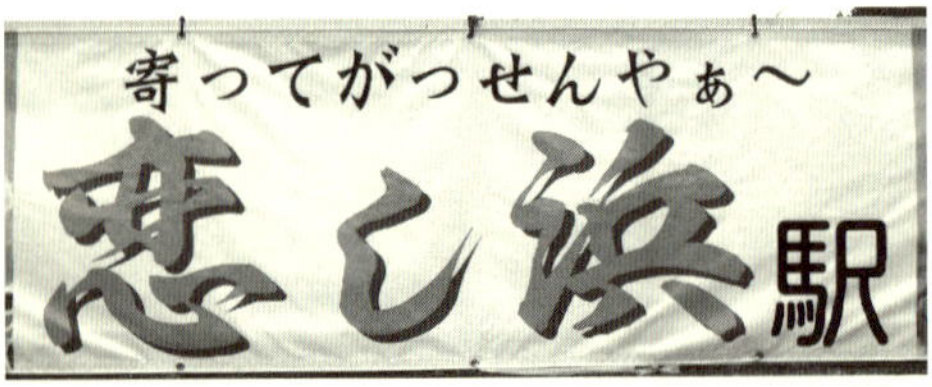

【写真２】

「市」を挙げての方言メッセージ―「おおきに」と「おでんせ」

この連載の新たな百回の始まりの記念すべき回の題材として、私が住んでいる、岩手県宮古市の「市」を挙げての方言メッセージ、「おおきに」と「おでんせ」を取り上げます。

使用例の紹介の前に、この二つのことばについて説明します。「おおきに」は、〔ありがとう〕の意味です。「おおきに」というと関西（だけ）のことばかと思われがちですが、東北地方でもよく使うことばです。「おでんせ」は、この連載で何回か（第36回、33～34ページ）取り上げている「いらっしゃい」の意味です。第36回は、ウェブ連載でどうぞ。

まず、宮古市役所（前庭）の例を紹介します。「おおきにと　おでんせの心が　生む交流」と、高さ五メートルほどの「塔」に、大きく書かれていました【写真1】。〝「市」を挙げて〟と表現した意味がご理解いただけるかと思います。なお、塔の先端の絵は、宮古市のシンボル「鮭」の顔を図案化したものです。

次に、陸中海岸国立公園内の浄土ヶ浜パークホテルの、売店「おおきに」と料理茶屋「おでんせ」【W101-2】です。方言ネーミングであり、方言メッセージでもあります。このホテルは、一九九七年十月の、天皇皇后両陛下の宮古市行幸の際の行在所《あんざいしょ》となりました。

また、JR宮古駅に隣接するみやげもの店では、出入り口の両面に示されていました。表側、つまりお客が入るとき目に入るように「おでんせ」が、また、店内側、つまりお客が出るとき目に入るように「おおきに」のメッセージが、それぞれ示されていたものです【写真2】。なお、このみやげもの店の店員さんは、三省堂の『新明解国語辞典』

【写真1】

をカウンターに置いて、よく使っているということでした。

このように、市役所、観光地としての代表的ホテル、そして、お客がまずは降り立つ駅前に、「おおきに」と「おでんせ」が使われているわけです。どうぞ、一度、宮古さおでんしてくたせんせ。おーきに、どーもどーも、ありがとごぜんす。

なお、宮古市役所前庭の塔は、東日本大震災のとき津波の直撃を受けてなぎ倒されてしまいました。その後撤去され、二〇一二年一月現在、未だ再建されていません。倒壊の詳しい状態については、ウェブ連載第151回で報告しています。

（田・101）

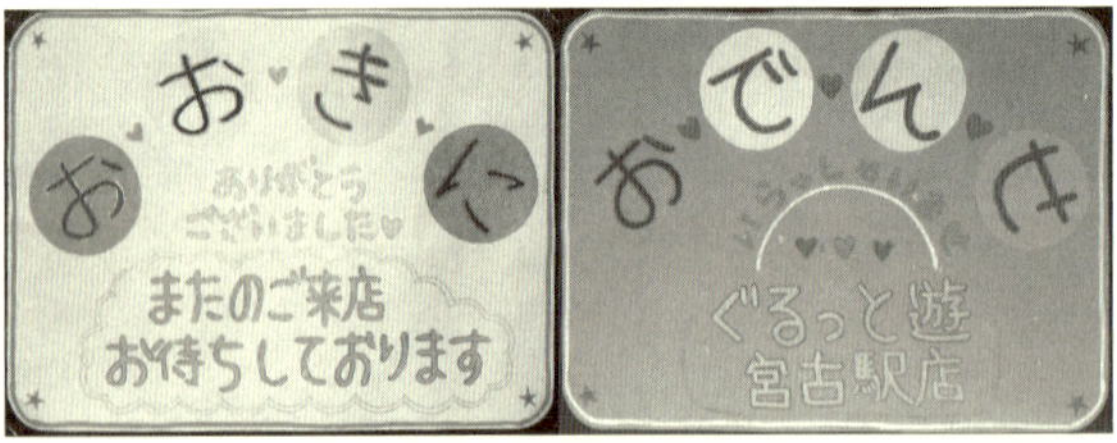

【写真2】

●——岩手の酒っこ ひゃっこぐしておあげんせ

【写真1】は岩手県で造られた日本酒（七二〇ミリリットルビン）です。ラベルには岩手の方言で「岩手の酒っこ ひゃっこぐしておあげんせ」と書いてあります。意味は「岩手のお酒 冷たくしてお召し上がりくださいな」で、このお酒のおいしい飲み方の説明がそのまま名前になっています。このお酒を造った岩手県花巻市《はなまきし》石鳥谷《いしどりや》町《ちょう》の川村酒造店によると、この名前にした理由は、「『岩手らしさ』を前面に出すため」だということです。今回は、このお酒に方言で名前をつけたことをめぐるお話をします。

「岩手らしさ」を出したこのお酒の名前の方言について、四つの部分に分けて説明します。

まず、「岩手の酒っこ」の「っこ」ですが、これは東北地方で広く使われます。食べ物飲み物や動物その他身近なものを表す名詞の後に付けて、親しみを込めたりことばの調子を整えたりします。岩手県では、六月に馬のパレード「ちゃぐちゃぐ馬っこ」、また、八月にお盆の送り火「舟っこ流し」など、「っこ」の付く行事があり、広く日本全国に紹介されているので、「っこ」を知っている人は東北地方以外の人にも多いと思います。お茶は「オチャッコ」または「オジャッコ」、牛は「ベゴッコ」（「ベゴ」＝牛）と言います。「どじょっこふなっこ」（泥鰌っこ鮒っこ）という歌は、岩手県のとなりの秋田県で生まれましたが、その「っこ」も同じです。

次は「ひゃっこぐして」です。「ひゃっこぐ」は「冷（ヒヤ）ッコグ」で「冷たく」ということです。ただし、「シャッコグ」（h音がs音になりやすいため）や「ハッコグ」（拗音「ヒャ」の「ャ」が不完全なため）も、「ヒャッコグ」とともによく使われます。また、この部分で「ク」でなく「グ」と濁るのは、北関東から東北地方の方言の特徴の、語中のカ行音とタ行音が濁音になる現象のためです。例えば、

岩手の酒っこ
ひゃっこぐして
おあげんせ
【写真1】

「男」は「オドゴ」、「魚」は「サガナ」、「頭」は「アダマ」となります。

三つめは「おあげんせ」です。分解すると「お＋上げ＋ある＋せ」で、中心は「お＋動詞＋ある」です。江戸時代の話しことばの記録にたくさん出てくる歴史のある語法です。現在は、岩手県の中部地域での基本の尊敬語の作り方です。【写真2】はお店の前にあるいすの背の部分です。この「おすわれんせ」のように街の中の「方言メッセージ」にも使われています。「おすわれんせ」とは「（どうぞ）おすわりくださいな」という意味です。「上げ」は「上げる」で、岩手県地方の「食べる・飲む」の尊敬動詞です。共通語の「上がる」に相当します。岩手県の東の端の宮古市では、「お」と「上げ」の間にw音が入って「オワゲンセ」と言う人が多いようです。

【写真2】

おしまいの「せ」は、人に何かしてもらうときのていねいな言い方です。共通語の「〜て・くださいな」に似た意味ですが、岩手の「せ」のほうが少し親しみがあります。

このように、このお酒の名前は「岩手らしさ」を前面に出しています。東北弁の代表のような「っこ」と「ひゃっこぐ」で土地がらを、東北一豊かな岩手の敬語から「おあげんせ」で人がらを、みごとに表しています。

ところで、岩手県で方言を名前にした日本酒は、これを含め、四社から五種類が出ました。酒店で立てた企画を、酒造会社が受けて考えたということです。

（田・1）

●——よう来てくったっせ—手作りポスターでお出迎え

二〇〇九年秋から二〇一〇年冬にかけて、ＪＲ村上駅の待合室や駅前の観光案内所などに、村上の方言を紹介するポスターが掲示されました。

制作は、新潟県村上地域振興局の職員の方々五名による手作り。単語を一覧にした「村上ことば」は、バックの柄を変えて二種類作られ、お持ち帰り用のＡ４サイズも設置されました。

さらに、「村上ことば その1〜5」と題して、会話文を示したポスターも五種類作られました。

①「村上にはうんめもんがふっとつあるすけ、腹くっちょなるまで食べていげっしゃ。」

訳：村上にはおいしいものがたくさんあるので、お腹いっぱい食べていってください。

②「村上によう来てくったっせ。まず、上がってねまれっしゃ。」

訳：村上によく来てくださいました。まず、上がって座ってください。

③「そろそろ帰ります。」「おおきにはや、また村上にけぇ。」

訳：そろそろ帰ります。どうもありがとう。また村上に来てください。

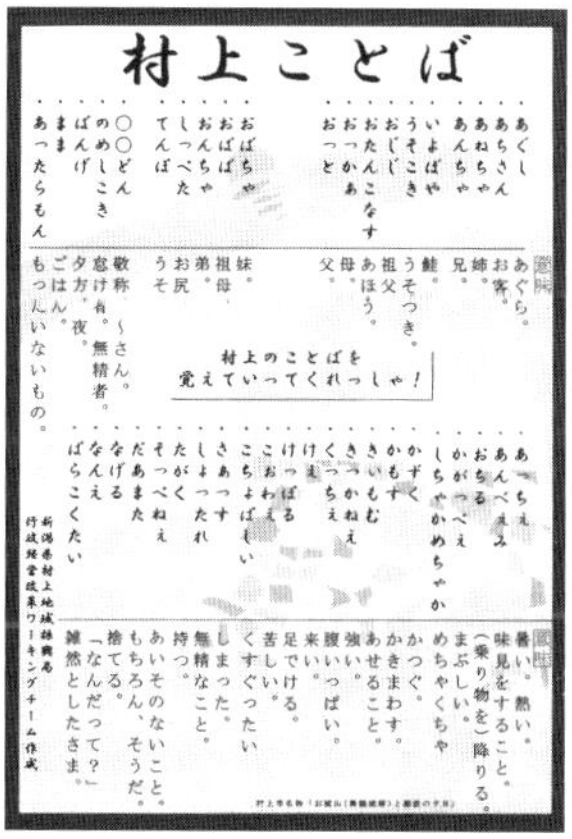

【写真】

④「村上はいいところですね。」「だーまた、そうらっせ。山もあるし、海もあるし、また遊びにこいっしゃ。」

訳：村上はいいところですね。もちろんそうですよ。山もあるし、海もあるし、また遊びに来てください。

⑤「さあっす、電車に乗り遅れたなあ。」「おらこに泊まればいいすけ、あんじことないっせ。」

訳：さあ大変。電車に乗り遅れてしまった。私のところに泊まればいいから、心配することないですよ。

こちらも、地元の方々との会話を楽しんでもらいたいとの思いが込められた力作です。

ところで、村上の「うんめもん」となると、まず鮭に注目したいところですが、いただく前に、「イヨボヤ会館」に足を運んで、しっかり勉強もしておくと、味わいが深まるのでは。鮭を「イヨボヤ」と称する村上方言では、鮭に関する方言が「カナ」〈雄鮭〉・「メナ」〈雌鮭〉・「アソビザケ」〈正月過ぎにくる鮭〉など、二十語以上もあって、鮭に本当に親しんでいることがわかります。

春先に開催される「人形さま巡り」に向けて、村上地域振興局の職員の方々の間では、あらたにポスター制作や方言のテープ吹き込みも予定されているとの由。

「人形さま巡り」を見に、村上に「行こかね～」。

（大・90）

「トイレはきれいに……」先取りのお礼

観光地など、特に団体旅行で大勢の人が訪れる場所のトイレは混雑します。次の観光ポイントにバスで移動するなど、時間が限られていると非常に慌ただしく、そそくさと用を足さないといけません。「せいては事を仕損ずる」？

きれいに使ってほしいというお願いの掲示はよく目にします。ちょっとひねった、男性の小用への〝警告文〟――例えば、和歌ふうに「急ぐとも　心静かに手を添えて　外に散らすな　白玉（朝顔）の露」などと短冊に書いて貼ってあるのを、何度か見たことがあります。

方言で書かれたお願いも、まま見られます。旅先で出合った場合には、ちょっとした〝旅情〟も感じられて、いっそう効果的です。

その具体例、三重県の伊勢神宮の参道近くのトイレにあったのが、次の一文です【写真1】。なんだか、地元の人から、じかにそう語りかけられているような気分になります。

いつもきれいに
つこてもうて、
おおきんな

また、山口市瑠璃光寺《るりこうじ》そばのみやげもの店で見かけた掲示には、次のように書いてありました【写真2】。「ようおいでました」「うれしゅうあります」「ぶち（非常に）気持ちがええ」などは、いかにも山口県の方言らしい表現です。

ようおいでました

【写真1】

いっつも綺麗に使うてもろうて、
ほんと嬉しゅうあります。
お客様も皆 喜んじょります。
次ぃ使う時、ぶち気持ちがええ♪
皆様に…　感謝感謝♪♪

いずれも、ただ文章だけでなく、イラストが入っていて目立ちますし、ふっと気分がなごみます。後者には♪まで付いています。しかも使う前から先取りの感謝までされては、ヘタな利用はできません。

トイレはきれいに使いましょう！

（日・128）

【写真 2】

「息子へ　たまには連絡しねま」

「息子へ　たまには連絡しねま！　心配してるんやでの。」（息子へ　たまには連絡しなさい。心配しているからね。）【写真1】

「お父さんへ　あんまり無理せんとの。ぱちぼちでいいさけ。」（お父さんへ　あまり無理をしないでね。ゆっくり少しずつでいいから。）【写真2】

ほかにも、「ご飯食べてるか？　体に気をつけてがんばっての。」（ご飯、食べてる？　体に気をつけてがんばってね。）などがあります【W139－3】。

【写真1】や【写真2】を見てグッとこない人は少ないでしょう。共通語より、方言のほうがずっと感情を揺り動かす力があると思いませんか。心の琴線に触れる力です。しかし、自分の出身地の方言でなくても泣けてくるのは、どうしてでしょうか。つまり、方言がわかる、わからないという理解の問題ではないのです。

かつて、テレビ番組で遠く離れたところで進学や就職をした息子や娘に、両親が作業中の田んぼから、テレビを通じて、地元ことばでメッセージを送るという企画があったのを思い出しました。あまりよく理解できない方言での呼びかけであっても、心なごむ思いがしました。

「Gooブログ」で検索すると方言の評判が出ています。話題にしている人は、女性が多いのですが、方言をポジティブ（プラス・好き）に評価している人は、76％でした。理由は、「かわいい」「いい」「おもしろい」「ささる」「ありがたい」というものです。「ささる」は、前述の「心の琴線に触れる力」にあたるものでしょう。

息子へ
たまには
連絡しねま！
心配してるんやでの。

【写真1】

最近、病院の治療や学校教育に方言の紙芝居や絵本を採用するところが広がっているとのことです。個別にみると、東北弁をポジティブに評価した人は、83%、九州弁78%、関西弁66%、東京弁56%でした。東京弁については、「上から目線に聞こえる」というネガティブな評価が見られました。東京からより離れた文化圏にある方言ほど肯定的に評価されているという傾向が見られます。

福井県の方言手ぬぐい【W139-4】の番付西方横綱に「だんね」（差し支えない）ということばがあります。借りたお金を返すのが来週になるときなど「来週でも差し支えないよ」と言われるより、「ああ、来週、だんね、だんね」と言ってもらうと許されてホッとするでしょ？

（山・139）

【写真2】

第三章　方言でおもてなし

もてなしにふさわしい方言

東海地方で歓迎を表すもてなしのことばには、主に動詞の「寄る」「来る」「行く」などから派生した形が使われています。「行く」の例で、「行かにゃ損」（愛知県観光協会）は、もてなしというより、最も端的に行く気を誘う表現といえましょう。都市では訪問先の家で靴を脱ぐ機会は少なくなりましたが、「おあがり」をもとにした「あがらっしゃれ」（山形）もあります。どれもこれも共通語にはない、迫力、説得力が感じられます。

神奈川・千葉など関東周辺出身の大学生十二人に聞いてみました。八つの案内パンフレットをもらったとして、どこへ最も行きたくなるか、上位三位までを選んで、理由を言ってくださいというものです。ただし、質問では地名を省きました。「まだ、尾鷲《おわせ》には行ったことがないから行きたい」といったような表現以外に起因する答えを避けるためです。

その結果、最も行きたくなるのは「きてぇな」で、第二位は「よってりゃぁ〜」、第三位は「おいでんかな」でした。主な理由は、「聞いたことがある表現」「かわいらしい」「やわらかい」「あたたかい」「控

もてなしの方言（東海地方）

よってりゃぁ〜みたけ	可児郡御嵩町	岐阜県	【写真1】
おいでんかな	郡上市		【写真2】
きてみんけな！	高山市一之宮町		【写真3】
岐阜県へおんさい!!	（観光連盟）		【W39-4】
船に乗って来てぇな	鳥羽市	三重県	【W39-5】
こいまぁ尾鷲へ	尾鷲市		【口絵写真⑥】
行かにゃ損	（観光協会）	愛知県	【W39-7】
おいでん！　とよた	豊田市		【口絵写真⑥】

え目」でした。小文字の響きがいいという人もいました。「行かにゃ損」は、上位三位には入りませんでしたが、「行かないと損しそうで気になる」という意見がありました。関東地方で耳慣れない表現や、少し押しが強いと感じられる表現は下位でした。

（山・39）

【写真1】

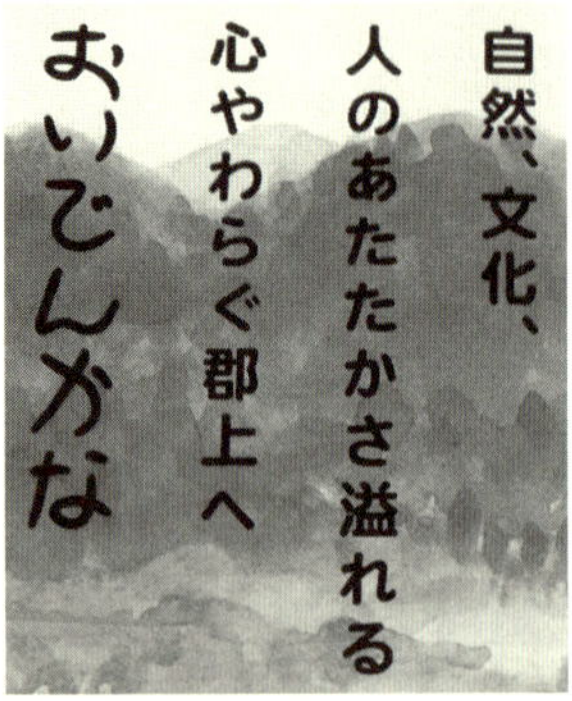

【写真2】

【写真3】

●「かぶら大根でおいでやす」

石川県には、「ゆっくりしていきねーね」【W49-2】という表現があります。長年、加賀市山中温泉のキャッチコピーとして親しまれているもので、「いきねーね」の「ねー」は相手にやさしく「〜なさい」と勧めるときの「〜ない」の変化形です。福井県でも用いられます。

「いらっし　みまっし」【口絵写真⑦】は「いらっしゃい　みてごらんなさい」と相手に勧める表現です。

店頭に「寄りまっし」〔寄っていらっしゃい〕と書かれているのを見かけます。外出する身内に対して「いってらっし」〔いってらっしゃい〕などと言います。

「のらんけバス」（石川県輪島市）【写真1】は、「乗りませんか、バスに」という意味です。「ケ」はぞんざいに聞こえますが、石川県の方言では親しみをこめた誘いの表現です。疑問の終助詞「か」にあたる「ケ」です。

福井県嶺北地方の、「きねの」【W49-5】は、「またきねの」〔またいらっしゃい〕、「寄ってきねの」〔寄っていらっしゃい〕のように勧める場合に使われます。「〜ねの」の「ね」は加賀市の「いきねーね」の「ねー」と同じです。

もてなしの方言（北陸・近畿地方）

立山に来られ	立山	富山県	【W49-1】
ゆっくりしていきねーね	加賀市	石川県	【W49-2】
いらっし　みまっし	白山市	石川県	【口絵写真⑦】
のらんけバス	輪島市	石川県	【写真 1】
きねの〔いらっしゃい〕	（嶺北地方）	福井県	【W49-5】
おいでやす	木之本	滋賀県	【写真 2】
やぶちゃつれもっていこら！ 〔みんな、一緒に行こう！〕	川上	奈良県	【W49-7】
和歌山の温泉に浸かりに来てけ〜よ〜！ 〔和歌山の温泉に浸かりに来てね！〕		和歌山県	【W49-8】

「おいでやす」【写真2】は、滋賀県湖北地方の木之本の例です。大きなかぶら大根に墨で書いてあります。滋賀県で用いられる「きーな」「きてな」「きゃんせ」(83ページ参照)、「きてや」などより少し丁寧な表現で、〔いらっしゃい〕の意味です。「よーおいでやす」「よーおこしやす」など滋賀県全域で用いられ、この表現は京都府に及びます。

「やぶちゃつれもっていこら!」【W49-7】は奈良県の方言ですが、発音してみると、東大寺の大仏もひっくり返るほどの迫力があります。いにしえの都のイメージから遠い感じがします。「やうち」(三重)、「やぶち」(長野)、「やぶちゃ」(三重)は、「やぶちゃ出かけてる」〔みんな出かけている〕のように〔みんな〕という意味です。「いこら!」は〔行こう!〕という意味です。「ら」は勧誘・意志形を受けて「〜しとこらの」〔〜しておきましょうよね〕のように、複合の形で用いられることもあります。

「和歌山の温泉に浸かりに来てけ〜よ〜!」【W49-8】の「け〜よ〜」は、〔来てね〕の意味です。

方言グッズが見つからないことでは、奈良県は、滋賀県と似ています。両県は京都・大阪のベッドタウンです。しかし、こんなによい表現があるのですから、ぜひ、奈良みやげに使っていただきたいものです。

【写真1】

【写真2】

本項の石川県・福井県の方言について、金沢大学教授・加藤和夫先生にご助言をいただきました。紙面を借りてお礼申し上げます。

（山・49）

京都ことばはノリノリどすえ!!

京都ことばの現在を三つの観点から見てみることにします。

まず、第一は、商品としての京都ことばの共通語化です。京人形もそれを反映してか、ショーケースに昔ながらの「おこしやす」という人形と、「新いらっしゃいませ」という人形が並べられています【写真1】。店員は「いらっしゃいませ」と客に声をかけていて、「おいでやす」「おこしやす」などは少数になりました。また、「舞妓はん」と「舞妓さん」も「はん」から「さん」に移行しています。「舞妓はん」と「舞妓さん」と表示された別々のあぶらとり紙が、狭い棚に並んでいます。

第二番目は、京都ことばが地域的な広がりのある商品に登場していることです。寺町通りに行くと、ストラップやお菓子に「関西限定」「近畿地区限定」と表示された商品が売られています。「めっさ!! うまい」「ノリノリどすえ」「グーどすえ」など若者ことばや外来語を京都ことばと組み合わせてうまく使っています。京都ことばは京都だけという従来の発想から抜け出して、地域的な広がりを持たせたうえに、若者言葉・外来語とのコンビネーションですから、〝今様京都ことば〟といえます。

第三番目は、京都ことばの国際化についてです。例えば、祇園で四か国語の多言語表示を見かけました【W24-2】。ほかの三言語の上に書かれている日本語は共通語ではなく、京都ことばです。日本の都市では多言語表示をよく見かけるようになりましたが、日本語はたいてい共通語表示になっています。他の言語の中で活躍する京都ことばの例です。国際化にあわせて、京都弁をここでは「京都ことば」としました。

【写真1】

京都では、二〇〇五年に年間「観光客五千万人構想」を宣言しました。先斗町《ぽんとちょう》へ行ってみると、「自転車、バイクは押して通っておくれやす」【口絵写真⑧】、「歩きたばこはやめておくれやす」【写真2】など、公共のマナー向上に方言が使用されています。先斗町の狭い通りは、外国人もよく訪れる通りですから、京都ことばでマナー向上を訴えるのは京都ことばの普及にも効果的でしょう。

【写真2】

新京極には、かつて京みやげの店がずらりと並んで、みやげには京都ことばがたくさん見られました。そして、お香が香り、邦楽の音がどこからともなく聞こえていました。琴や三味線の音色に加えて、方言が広域商品での使用、多言語表示、公共マナー表示等に多様に使用されていて、京都ことばは〝ノリノリどすえ!!〟

（山・24）

第四章

おいしい方言

しりとりゲームが終わらない県

　しりとりゲームが終わらない県、山形県の「おいしい方言」をご紹介します。山形県では、しりとりでうっかり「ん」で言い終わっても、「しまった！」とあわてず、つぎの人が、「んまい」（おいしい）【写真1】と続ければいいんです。反対の意味を表す「んまぐねぇ」（おいしくない・よくない）でもいいです。ほかに「う」が「ん」に置き換わる例として、「んだば」（それじゃ、さよなら）などがあります。

　山形弁は、鼻音、濁音を多用するとなんとなくそれらしく聞こえます。というわけで、フランス語と似ているという人もいます。筆者が知っている人で、山形弁とフランス語がじょうずだと豪語している人がいて、確かにフランス語の発音で少し得をしているように聞こえます（しかし、フランス語が通じることとフランス語らしく聞こえることとはまったく違います）。

　「なんじょだべ」【写真2】は、（いかがでしょうか）という意味です。「なん（何）じょ（ぞ）」は、「どんな」と置きかえることができ、それに「だ（です）」「べ（か）」がついた形と考えられます。

　山形弁の特徴は、ほかにもあって、「し」「す」と「ち」「つ」の区別をしません。「やさいだす」【口絵写真⑨】

【写真1】

【写真2】

はその例です。「知らない」が「スらない」となり、「好き」は「しぎ」と変化します。

「ままけは（飯喰は）」〔ごはんですよ〕【W104-5】の「け」は〔くえ＝食べなさい〕で、一字ですんでしまいます。短く「け」と言われたら「く」〔くう＝食べる〕と答えたり、「かね」〔くわね＝食べない〕と答えたりします。短くて余計なエネルギーを使わないので経済的です。

んだば。

（山・104）

「でら　うみゃあ」

名古屋駅構内には、「名古屋うまいもん通り」があります【W99−1】。みやげもの店に立ち寄ると、「名古屋でナモ　うみゃあ！といえば　手羽先だがネェ〜」（名古屋でね、おいしいものといえば手羽先だよ）、「じゃがいもベースで　カリッとサクサク　揚げたてだで　いっぺん食べてみゃあ!!」（サクサク揚げたてだから　一度食べてみて!!）とニワトリがまるまる太った手羽を振りあげています【写真1】。その隣に、「どえりゃぁ　うめゃぁがやぁ」（とても　おいしいよ）【写真2】と、もう一羽のニワトリが自らの肉体美を誇っています。名古屋弁では、連母音（連続する二つの母音）が融合する現象が見られます。「〜がやぁ」は、念押し・強意・自己主張の意味とされています。

ほかに「うみゃぁーっ手羽」というのもあって【W99−4】、愛知県では、「おいしい」という表現の表記に「うみゃあ！」「うめゃぁがやぁ」「うみゃぁーっ」などバラエティがあり、ニワトリが元気に叫んで〝おいしさ〟を伝えています。

箸袋にも「でら　うみゃあ亭」（たいへんおいしい亭）【口絵写真⑩】という例があります。「でら」は、「どえりゃ」の短縮形です。食の王国をうたって「愛知」を食べつくすという意気込みが感じられます。

みそかつドッグは、名古屋名物の一つですが、大須観音の近くで見つ

【写真1】

【写真2】

けました。「どえりゃ〜うみゃ〜！　大人気！」（たいへんおいしい！　大人気！）の貼り紙を見つけました【W99-6】。大須観音では、骨董市が毎月開かれていて、「えーもんみつけてちょー」の垂れ幕が下がり、そこには英語・韓国語・中国語で「歡迎」と書かれています。社会の多言語化を反映しています。

（山・99）

●―くいだおれの大阪

ここでは、「くいだおれ」で名高い大阪府をとり上げます。大阪の「おいしい方言」は、他府県にくらべるとさすがと思わせる迫力のある表現があります。

例えば、まず、「ホンマにうまいんやろか」（ほんとうにおいしいのだろうか）【写真1】と問いかけます。「うまいか、うまないか、自分で食べて確かめてみい」（おいしいか、おいしくないか、自分で食べて確かめてみなさい）【写真2】（……ソウショウカナ?）。「おばちゃんがおいしい言うとんやから間違いあらへん。買っとき」（おばさんがおいしいと言っているのだから、間違いはない。買っておきなさい）【W94-3】（……マチガイナイノカナ?）とまあ、こんな調子です（カタカナの部分は、筆者が客の心理を想像して書いた部分です）。

箱の六面全部をフルに使って、「自分で確かめてみい」「買っとき」「食べてみんと、わかりまへんで」（食べてみないとわからないよ）とたたみかけます。そして、最後のきわめつきは、「どや、うまいやろ?」（どうだ、おいしいだろ?）【W94-4】というわけです。せんべい一箱（六百円ぐらいだったと思います）を買うのにも、問いかけ→さそい→ややおしつけ→確認というシミュレーションが方言によってできるのですから、すごい買い物です。

ところで、大阪限定品に「めっさ!!　うまい」【口絵写真⑪】という表現が使われています。「めっさ」は（超）や（とても）という意味です。同じく大阪限定品ですが、「めっちゃうまい!」【口絵写真⑫】もありますから、併用といえましょう。

【写真 1】

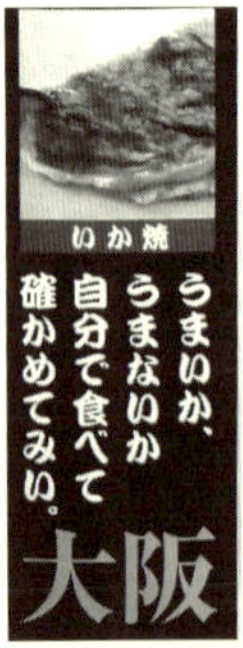

【写真 2】

最後に「まちごうてたべたらあかんで〜」（まちがってたべてはいけませんよ〜）【口絵写真⑬】と、たこやきの絵が描かれたなにわ風あぶらとり紙をご紹介して終わりにします。いやはや、おなかが空きました。あぶらとり紙の表紙に書かれたたこやきの絵が本物に見えます。

（山・94）

「おじゃこさん」

「おじゃこさん」【写真1】は、京都の店先で見つけたものです。京都で「おじゃこ」といえば、温かいご飯の上にのせていただくちりめんじゃこを指すのが一般的です。京都では、料理の素材や料理名に「お〜さん」をつけることが多いです。和風〝れすとらん〟で「あっ！　お豆さんや！」とはじめて豆に出合ったような喜びを表して、豆ごはんをいただく風景が見られます。ほかにも、「おいもさん」、「おこうこさん」〔お香香・漬物のたくわん〕など、京都の味の歴史や伝統を支えてきた食材に「お〜さん」がつきやすいといえます。

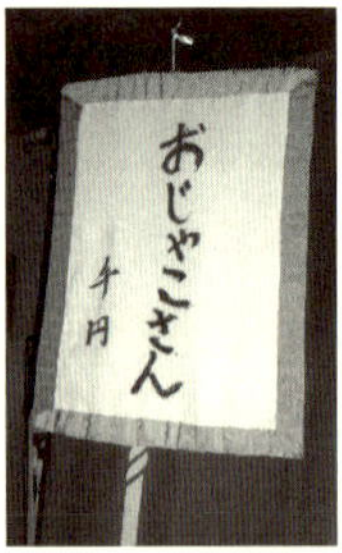

【写真1】

「お」をつける食材に、「おかぼ」〔かぼちゃ〕、「おなす」〔なすび〕、「おこぶ」〔昆布〕、「おふ」〔麩〕などがあります。食材以外の例として、「おけそくさん」〔お華足さん〕があります。仏前に供えるごはん、お餅などをいうのですが、華足は、本来、仏前に置く脚付きの小盆を指します。

「〜さん」を人に使う場合の例（本来、人に使うのですが）として、「よそさん」「一見《いちげん》さん」があります。京都で生活するとき、東日本にくらべて、けじめや筋を通すということが重要視されるようです。ですから理屈では、どうにもならない場面で、「うちはうち、よそさんは、よそさん」と割り切るときの表現などに使われます。

「一見さん」〔見ず知らずの紹介者のない初めての客〕は、もともとお茶屋ことばであったのが、「一見さん、おことわり」のように一般の店で使用されるようになった例です。お茶屋は、芸者を呼んで、客の代金を肩代わりします。紹介者の保証なしで初めての客を入れることは難しいことから、紹介者のない初めての客をこう呼ぶようになりました。

次の例は、お酒の倉庫を売りにしている店の看板です【写真2】。「今ある家ん」〔今あるやん＝今あります〕、「配達ならすぐいく家ん」〔すぐいくやん＝すぐ行きます〕と、「や（ん）」に「家」という字をあてて、「いつでも何でもあるではないか」と主張しています。「ほんまやんか」「あんた、きのう、そう、ゆうたやん」など「やん」は、文末につけて強調する意味で使います。

【写真2】

ほかにも「ほんまにおいしいお弁当とおかず」【W129-3】、「おいでやす〔いらっしゃい〕。うまい貝汁とわっぱのめし、うまおまっせ〔おいしいですよ〕」【W129-2】という看板を見つけました。もう少し丁寧度があがると「おこしやす〔いらっしゃい〕。貝汁とわっぱのごはん、おいしおすえ。」とでもなるでしょうか。「うまおまっせ」は、京都でも男性が言いますが、むしろ大阪弁に近い感じです。「わっぱめし」の「わっぱ」は、杉や檜《ひのき》の薄板を曲げて作られる円筒形の木箱で、「わっぱめし」そのものは、福島や新潟以北で見かけることが多いです。関西と東北のコラボ作品といえます。

（山・129）

●——ぶくぶく・ばたばた・ぼてぼて

「うまいがん！」【写真1】は、出雲地方の「おいしいよ」という方言です。「〜がん」は、鳥取県西部や出雲地方で〔〜じゃない〕〔〜よ〕という意味で用いられています。「〜がん」は「〜がの」が変化した形で、軽い同意や念押しを表します。この地方では、「〜がね」「〜がや」などの、組み合わせによって微妙なニュアンスを表現する終助詞が数多く見られます。

「うまいがん」が並んだショーケースの中に、「うんまいな」〔おいしいな〕と麹菌が入った塩の袋に書かれていたラベルを見つけました【W124-2】。「うんまいな」できゅうりをもんで、一夜漬けにしていただくとおいしいと書いてあります。島根県出身の生産者からじきじきに買ってきて、さっそくいただきました。

「ぼてぼて茶」【写真2】は、出雲地方に伝わる庶民の間食用のお茶です。その昔、松平治郷《まつだいらはるさと》という松江藩第七代藩主が松江に日本茶を広めたと言い伝えられ、出雲人のお茶好きは有名です。「ぼてぼて茶」は、茶の花を入れて煮だした番茶を熱いうちに茶筅で泡立て、その中に赤飯、煮豆、漬物などを入れて箸を使わず飲むようにして食べるお茶です。泡立てると「ぼてぼて」と音がするのが名前の由来だそうです。沖縄の「ぶくぶく茶」、富山の「ばたばた茶」などと共通点があって、泡立てて飲みます。

島根県の「だんだん」〔ありがとう〕と書かれたTシャツを着た店員がいたので、背中を写させていただきました【W124-4】。もともと「だんだん」〔重ねがさね、次から次へと、あれやこれやと〕お世話になりました」

【写真1】

【写真2】

のように言っていましたが、後ろの「お世話になりました」がとれて、「だんだん」だけで「ありがとう」の意味を表すようになりました。

（山・124）

「平城京遷都一三〇〇年祭に行ってきましてん」

奈良県では、京都や大阪に近い方言を使うことから、なかなか方言の使用例を見つけるのは、難しいとされていました。ところが、二〇一〇年に、平城京遷都一三〇〇年を記念して、さまざまな記念行事が行われ、多くの観光客が奈良を訪れるようになりました。経済効果があって方言の使用が見られました。

最初に紹介するのは、「奈良へ行ってきましてん!!」（奈良へ行って来ましたよ）【写真1】です。「～てん」「～ねん」は、話し手の見解や意志を伝達します。「～てん」は、「あの店で買いましてん」のように、過去の意味で用います。それに対して、これからのことは、「来月、また旅行に行きますねん」のように言います。「先、行ってんか」（先に行ってください）のように相手に依頼するときにも「～てん」が使われます。

【写真1】

【写真2】は、「よばれやの夏ごはん」の宣伝です。

「よばれや」の「よばれる」は、動詞の「食べる」の意味ですが、もともとは、「食事に招かれる」という意味でした。「よばれ屋」という店の名前と、「食べなさい」という意味をかけています。「はよ、よばれや」（軽い命令）、「たくさん、よばれや」（勧誘）のような用法がありますが、「や」は、そのほかに禁止・依頼などにも使います。

「えんぎもんや」とおなじみのキティーちゃんが、赤い座布団に座って、「福」をかかえているのを見かけました【W134-4】。キティーちゃんのまわりには、小判がちりばめられています。この「～や」は、断定の表現です。つまり、「縁起ものだ！」と断定しているのです。奈良県では、南部で「～や」が「～じゃ」になる地方もあります。

「奈良、たのしかったで〜」〔奈良、楽しかったですよ〕は、お菓子の箱に書かれていたのですが【W134-5】、「で〜」は、「で」と短い形もあり、「やで」の形をとることもあります。共通語の「〜よ」「〜ぜ」に相当します。文末につけて念押しをしたり、「ほんまやで」のように断定の意味を伝えたりします。

以上の例は、平城京遷都一三〇〇年記念祭に訪れた観光客がもたらした経済効果と、方言みやげの関係を「地域語と経済の関係」として考えるよい例です。方言みやげは、経済だけでなく、奈良県人みずからのアイデンティティを反映する役割も果たしています。

【写真2】

（山・134）

第五章　方言看板・ポスターで交通安全

●交通標語と方言

大分空港からほど近い、大分県杵築《きつき》市大田地区＝旧・西国東郡大田村《にしくにさきぐんおおたむら》の幹線道路には、交通安全を呼びかける方言の看板がおよそ七十個も点々と立てられていて、壮観です。

大田村は、長い間、村内で交通死亡事故がなく、その記録を一万日にまで伸ばそうと村を挙げて交通安全に熱心に取り組んでいます。一万日を達成するには実に二十七年以上の長い年月が必要です（が、残念ながらその記録は、杵築市と合併後の平成二〇〇六年八月に八千二百七十五日、二十二年八か月で途切れてしまいました）。しかし、今また再挑戦が始まっています。

そんなこともあって、この地域はとりわけ交通安全に対する意識と関心とが高いというわけです。

【写真】

【写真】のような方言で標語を書いた看板四個が、最初に立てられたのは一九九九年だったとのこと。最近は毎年十個増設し、今では、地区内の幹線道路沿いに七十個も並んでいます。表と裏には別な文が書いてありますから、実に百四十ものメッセージがドライバーに安全運転と交通マナーの向上を呼びかけ、無事故・無違反を訴えかけています。おそらくこれは全国一の分布密度でしょう。

「事故ゼロ一万日を　めざしちょる　村じゃきな」「気をつけちょくれ　のうなった命は　かえらんでえ」「キープレフトを　まもっちゆっくり　走っちな」「年寄りが多いいき　ぐりっと廻りを　見ちょくれ！」「よそ見す

るなえ　スピードは　いいかえ」「シートベルトを　ビシッと　しちょるかえ」「乗る時ゃ　しゃっち飲まんでん　よかろうがえ」「車に乗った時ゃ　携帯電話は　罰金でえ!!」など、多様で多彩なメッセージが書かれています。共通語訳はついていませんが、その意味あいは、ほぼ理解できるだろうと思います。

共通語で同じ内容を呼びかける場合に比べると、確かに受ける印象は強いと思われます。

地元の人たちは、身近な方言で語りかけられるので、まるで両親や祖父母など家族から直接注意されているような気分になるでしょうし、よそ（特に県外など遠く）から来て、たまたまこの地域を通りかかっている人たちは、「ン？　何だ？　これは……」という意外さと不思議さの入り混じったような気分になるでしょうから、両者にとってそれぞれインパクトがありそうです。

ただし、あまり看板に気をとられて脇見をしたり、この方言はどういう意味だろうと考えすぎたりして、くれぐれも事故だけは起こさないように……。ご用心、ご用心！

（日・8）

《参考》なお、この方言による看板は、地元の『大分合同新聞』のインターネットの動画ニュース（http://www.oitatv.com/chiiki/index.php?id=596　二〇〇七年六月十三日掲載）でも紹介されています。

●──自転車を「降りチャリ、押しチャリ」

北九州市のＪＲ小倉駅のすぐ近くで、道路に描かれたおもしろい標示を見つけました。

線路の下のガードを通り抜ける「公共連絡通路」の片側を利用して、有料の自転車置き場が設けられています。その出入り口とガード内の路面上に、【写真】のような注意事項が描かれています。

曰く、①「降りチャリ」、②「押しチャリ」と……。出入り口には①②が並んで描かれており、ガード内の路面には②が点々と描かれていて、利用者に協力を呼びかけています。

「チャリ」はカタカナで書いてありますが、これは言うまでもなく「自転車」を意味する（若者）ことば「ちゃりんこ」の短縮形で、もちろん「（ここでは）自転車から降りてください。押してください」という意味です。

ところが、実はこれにはもうひとつ別な意味がかけてあります。

「〜シチャリ」は「〜してやりなさい」という意味の、この地方の方言です。「押してやり（なさい）」がこの方言では「押しちやり」となりますが、それがさらに「押しちゃり」と変化したもので、「降りチャリ」も同様です。

「（ここでは自転車での通行は禁止ですよ。歩く人のために）自転車から降りて、押して通りましょう」というわけですが、ことば遊びのユーモアがあって、思わず気分がほぐれます。なかなか効果的な呼びかけのメッセージだといえるでしょう。

【写真】

方言で交通安全を呼びかける掲示や看板は、最近あちこちで見かけますが、共通語の場合に比べると、より印象的でインパクトがあります。それにさらにちょっとひねったユーモアがあると、いっそう効果的です。この小倉の場合もなかなかおもしろく、秀逸な例だと思います。

壁に貼ってあるポスターには「自転車マナーアップキャンペーン／少しは、考えチャリ／平成17年 交通モラル・マナー回復運動元年 福岡県警察」という一枚と、「自転車マナー守っチャリ運動／1 降りチャリ押しチャリ　2 避けチャリ　3 点けチャリ／小倉北区交通安全推進協議会・小倉北交通安全協会・小倉北警察署」という一枚が並んでいました【口絵写真⑭】。

なお、そこから一〇〇メートルほど離れた小倉駅構内にも自転車での通行禁止を示す標示が通路上に描かれていますが、これには③「ここは歩道です。自転車の方は、降りて通行してください。小倉駅長」とあり、ごくふつうの共通語です。

先の駐輪場を利用するのは地元の人で、駅構内は旅行者など地元以外の人も利用するから……というわけでしょうか？　しかし、考えてみると自転車を利用するのはまず地元の人でしょう（長距離サイクリングでたまたま来たというケースもなくはないでしょうが……）。

つまり、これは管轄する機関の違いで、北九州市（福岡県警）の①②「方言版」とJRの③「共通語版」とがすぐ近くに並んでいると見るべきでしょう。それにしてもおもしろいコントラストです。

（日・43）

●宮崎県警の「てげてげ運転」追放運動

宮崎県の道路を、夜、車で走っていたら、道路の上に「交通安全」を呼びかけるメッセージが電光掲示板に表示され、目に飛び込んできました。

そのひとつ、県北・日向市の国道一〇号線で見かけたものが、【写真】です。

「てげてげ運転 追放運動 実施中」とありますが、「てげてげ」は宮崎県の方言です。共通語に訳すなら、「いいかげん、適当、ほどほど、まあまあ、そこそこ、……」といった意味あいのことばです。ですから、「てげてげ運転」とは、言うならば、「慎重運転」「きびきび運転」の反対語に当たります。

同じ掲示板には、そのほかに「みんなで なくそう 交通事故」「ストップ！ 脇見 ぼんやり運転」という警告もあり、これらが一定の時間ごとに次々に点灯してメッセージを送り、運転者に注意を呼びかける仕組みになっています。

宮崎県警察
てげてげ運転追放運動
実施中
【写真】

「てげ」は「大概」の変化したもので、宮崎の方言では「てげ ぬきー」（非常に暑い）、「てげ しんきなー」（非常にイライラする（じれったい、くやしい））といったように、（非常に）という強調の意味で使われる代表的なことばです（同様な語として「大概には」の転じた「てげにゃ」「てげな」もありますが、同じ意味です）。

ところが、それが二回繰り返されて「てげてげ」となると意味が変わり、先のような意味あいに転じます。

この「てげてげ」は、宮崎県人の県民性を表現するときにもしばしば引き合いに出されます。宮崎県は、夏、毎年のように台風に襲われることを除けば、気候も温暖で、農産物や水産物も多く、暮らしやすい土地柄であるだけに、あくせく汲々とすることなく、のんびりほどほどに暮らせばいいではないか、という気風が強いといわれます。その気分にぴったりなのが、この「てげてげ」だというわけです。

「だろう運転」ということばがあります。「このまま進んでも大丈夫だろう」「たぶん相手のほうが避けてくれるだろう」「黄色信号でも何とか通過できるだろう」といったように、自分に都合のいいように考え、楽観的に行動してしまう、そういう運転態度のことですが、宮崎県の「てげてげ運転」はまさにそれと軌を一にします。

が、それでは交通違反や交通事故はなくならない！　そう考えた宮崎県警察本部が、てげ頑張って呼びかけているのが、「てげてげ運転　追放！」というわけです。

（日・78）

《参考》Wikipedia「だろう運転」……自動車の運転において、事故に繋がるような楽観的予測に基づいた運転を戒める日本語の慣用句。（中略）日本の自動車教習所や警察などでは「だろう運転」という言葉で総称し、運転者に対してより注意深く予測や行動を行うことを啓蒙している。（引用：二〇〇九年十二月七日）

●——他地域の方言を活用した交通看板—宮崎県清武町の事例

「交通安全」は皆が願いながら、なかなか守られにくいもののようで、痛ましい交通事故や、取り返しのつかない死亡事故はいっこうに後を絶ちません。

66〜67ページで、大分県大田村の交通安全を呼びかける方言看板の例を、また68〜69ページでは北九州市の「自転車を降りチャリ、押しチャリ」を、70〜71ページでは宮崎県警の「てげてげ運転追放運動」、などを紹介しましたが、宮崎県の清武町で、地元の方言ではない、他の地域の方言を活用した事例に出会いました。

ひとつは、「止まれ　自転車も左右の確認せんといかんばい！」とあり、九州西部の肥筑《ひちく》方言で有名な文末詞の「ばい・たい」の「ばい」が使われています【写真1】。

もうひとつには、「青信号　クルマに自転車も／スピード突入　あかんぜよ」とあります【写真2】。「あかん」からはすぐに関西方言が、また「〜ぜよ」は二〇一〇年のNHK大河ドラマ『龍馬伝』で話題になった土佐方言が頭に浮かんできます。

この文案を考えた作成者に聞いたところ、「交通事故がなくなることを強く願っています。ふつうに共通語で『自転車も左右の確認をしましょう！』とか、『青信号でもスピード突入はいけません』と言ったのでは、当たり前すぎて少しも印象に残らない。そこで同じ九州の方言で、地元の人にも意味がよくわかる『ばい』を使い、またテレビ・ラジオで知られた他の地域の『あかんぜよ』を活用して、少しでも運転者の注意を引き、インパ

【写真1】

【写真2】

クトがあるものにしようと考えました。実は、私自身、小学校入学前の長女を交通事故で亡くすという、非常につらい体験をしているものですから……」とのことでした。

もし素直に地元の方言で表現するとしたら、「左右を確認せんといかんど！」「突入したらだめど！」などとなるところでしょう。それとはちょっとずらして、しかし言わんとする意味あいはしっかり伝わるように……というねらいのもとに、他の地域の有名な方言を活用して表現した、この「方言看板」。

じゃっとよ。まこつ、交通事故防止ん、効果を発揮してほしいっちゃが！

〔そうなんだよ。本当に、交通事故防止に、効果を発揮してほしいんだよ！（これは地元の方言です）〕（日・153）

●宮崎県椎葉村に見る方言表示

大分市から車で宮崎県の椎葉村《しいばそん》を訪ねました。その際に見かけた「方言看板」などの事例を紹介しましょう。

宮崎県東臼杵郡《ひがしうすきぐん》椎葉村は県の北西部、九州山地の奥深くに位置し、昔から「秘境・椎葉」と言われ、平家の落人が都から落ち延びて隠れ住んだという伝説のあるところです。

宮崎県西臼杵郡五ヶ瀬町《ごかせちょう》から、山あいを縫うように走る国道二六五号線を南下して椎葉村に入ると、旅人を歓迎する方言看板が出迎えてくれました。「ようきたなせえ／伝説とひえつき節の里／ロマンの椎葉へ／椎葉村・椎葉村観光協会」と……【W63-1】。

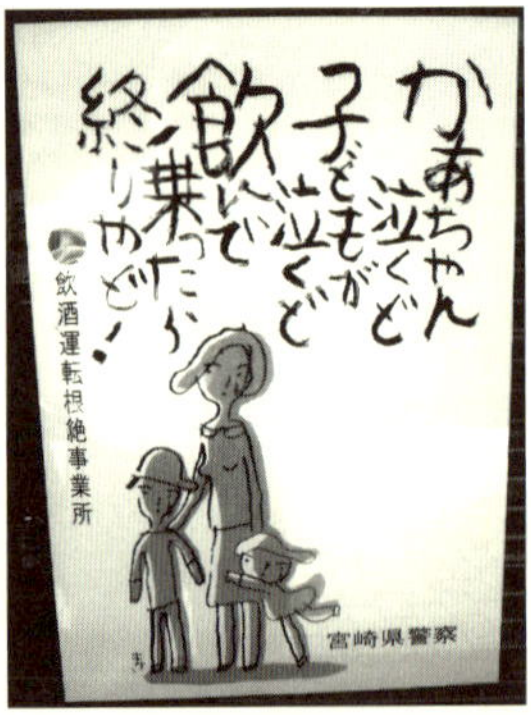

【写真】

これにある「ひえつき（稗搗き）節」は、平家の残党の追討に都から派遣された武士・那須大八郎と、地元の鶴冨姫との悲恋を歌った民謡で、全国的に広く知られています。

「♪庭の山椒の木に……」と始まりますが、「山椒」は「さんしょう」ではなく、「にわ〜のさん〜しゅう〜の〜き〜ぃに……」と、方言的に歌われます。

なお、宮崎県にはもう一つ、これまた全国区で有名な、高千穂地方の「刈り干し切り唄」があります。これを「切り干し刈り唄」だと思っていた人に出会ったことがありますが、「切り干し」は冬場に大根を千切りにして干した食べもの。一方「刈り干し」は冬の間の牛馬の餌にするために、晩秋、山の斜面に生えている草を「刈って干し」て保存しておくこと。その刈り取り作業のときの労働歌が「刈り干し切り唄」ですから、まったくの別物です。

ともに同じ宮崎県の産物で、ちょっと似た響きの語ですから、頭の中で混線してしまったのかもしれません。町の商店のドアには、「飲酒運転をやめましょう！」と呼びかける、宮崎県警のポスターが貼ってありました。「(飲酒運転で命を落としたら) 母ちゃんが泣くぞ、子供が泣くぞ。飲んで乗ったら終わりだぞ！」と方言を活かしたアピールになっていています【写真】。

村内を走っていたら、道路脇の土手に、今は使われなくなった大きな甕を伏せ、それに「かてーりの里／椎葉村川の口」と白い字で大書した、非常に目立つ〝看板〟がありました【口絵写真⑮】。「かてーり」とは、地元の方言で「助け合い」という意味だそうで、この地区の公民館（集落センター）の前にも、「かてーりの館」と書いた甕がで〜んと置かれていました。そのほかにも、要所要所に、案内標識としてこの甕が利用されており、うまい活用法だと感じました。

（日・63）

●――手作りポスターがパワーアップ

二〇〇九年度（41～42ページで紹介）に引き続き、二回目となる「村上ことばポスター展」が開催されました。

新潟県村上地域振興局内におかれた「行政経営改革おもてなし班」が手がける「むらかみ行革プロジェクト」によるもので、村上方言をとおし、村上に愛着を持たせる取り組みの一環です。前回作成の二十五枚に、今回作成の四十七枚が加わり、ポスターは七十二種類に増加【写真1・2】。見せ方も、のぼり・掛け軸・絵馬をかたどったもの等が作られ、多彩になっています。

表現された「村上ことば」を見ると、おいしい食べ物（「いよぼや（鮭）」「はらこまんま（いくらご飯）」など）が豊富にあって、地元の方が、自然や町並みとともに、それを誇りにされていることがうかがわれます。

展示されたポスターは、村上市内中心部のお店や瀬波《せなみ》温泉のホテル・旅館などに配られ、観光に訪れた多くの人々の目に留まることが期待されています。

（大・135）

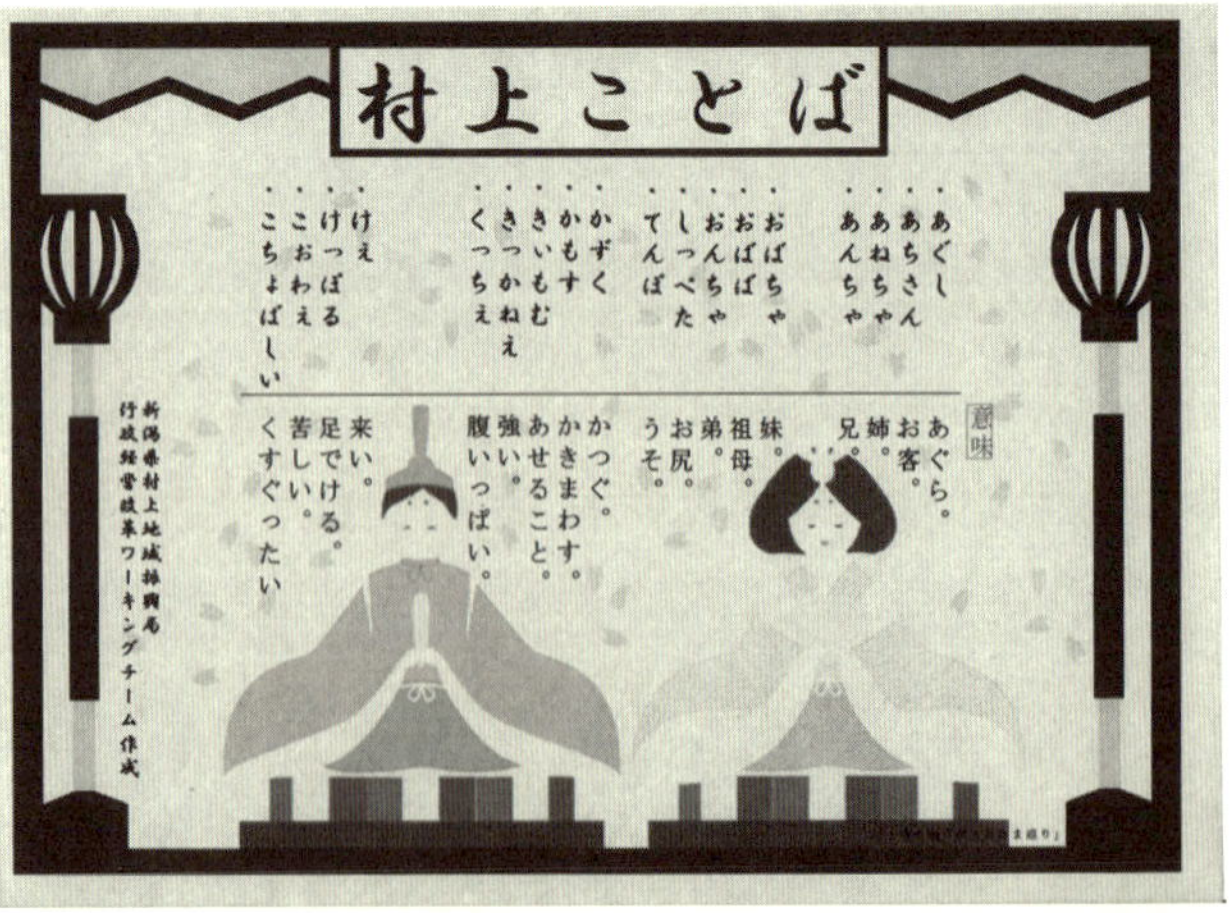

【写真1】

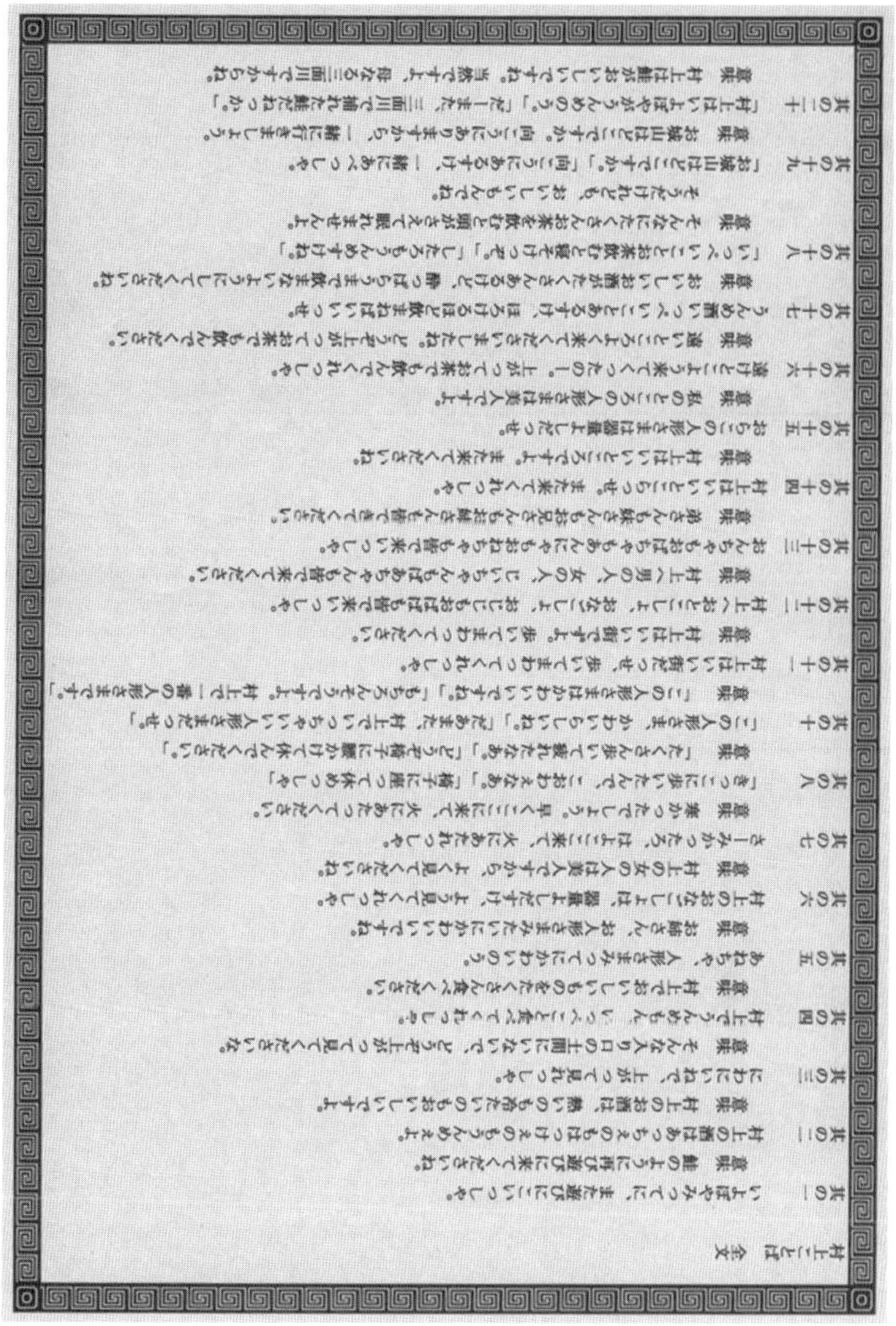

村上ことば　全文

其の一　いよはやみってに、また遊びにこいっしゃ。
　意味　雛のように再び遊びに来てくださいね。
其の二　村上の酒はあっちえのもはっけえのもうんめえよ。
　意味　村上のお酒は、熱いのも冷たいのもおいしいですよ。
其の三　にわにいねで、上がって見れっしゃ。
　意味　そんな入り口の土間にいないで、どうぞ上がって見てください。
其の四　村上でうんめもん、いっぺこと食べてくれっしゃ。
　意味　村上でおいしいものをたくさん食べてください。
其の五　あねちゃ、人形さまみってにかわいのう。
　意味　お姉さん、お人形さまみたいにかわいいですね。
其の六　村上のおなごしょは、器量よしだすけ、よう見てくれっしゃ。
　意味　村上の女の人は美人ですから、よく見てくださいね。
其の七　きーみかったろ、はよここ来て、火にあたれっしゃ。
　意味　寒かったでしょう。早くここに来て、火にあたってください。
其の八　「きっこに歩いたんで、こおわえなあ。」「椅子に座って休めっしゃ」
　意味　「たくさん歩いて疲れたなあ。」「どうぞ椅子に腰かけて休んでください。」
其の十　「この人形さま、かわいらしいね。」「だあまえ、村上でいっちゃいい人形さまだっせ。」
　意味　「この人形さまはかわいいですね。」「もちろんそうですよ。村上で一番の人形さまです。」
其の十一　村上はいい街だっせ、歩いてまわってくれっしゃ。
　意味　村上はいい街ですよ。歩いてまわってください。
其の十二　村上くおとこしょ、おなごしょ、おじじもおばばも皆で来いっしゃ。
　意味　村上く男の人、女の人、じいちゃんもばあちゃんも皆で来てください。
其の十三　おんちゃもおばちゃもあんにゃもおねちゃも皆で来いっしゃ。
　意味　弟さんも妹さんもお兄さんもお姉さんも皆できてください。
其の十四　村上はいいとこらっせ。また来てくれっしゃ。
　意味　村上はいいところですよ。また来てくださいね。
其の十五　おらこの人形さまは器量よしだっせ。
　意味　私のところの人形さまは美人ですよ。
其の十六　遠けとこよう来てくったのー。上がってお茶でも飲んでくれっしゃ。
　意味　遠いところよく来てくださいましたね。どうぞ上がってお茶でも飲んでください。
其の十七　うんめ酒いっぺいこあるすけ、ほろけるほど飲まねばいいっせ。
　意味　おいしいお酒がたくさんあるけど、酔っぱらうまで飲まないようにしてくださいね。
其の十八　「いっぺいこお茶飲むと眠そけっぞ。」「したろもうんめすけね。」
　意味　そんなにたくさんお茶を飲むと頭がさえて眠れませんよ。
　　そうだけれども、おいしいんでね。
其の十九　「お城山はどこですか。」「向こうにあるすけ、一緒にあべっしゃ。」
　意味　お城山はどこですか。向こうにありますから、一緒に行きましょう。
其の二十　「村上はいよはやがうんめのう。」「だーまえ、三面川で捕れた鮭だねっか。」
　意味　村上は鮭がおいしいですね。当然ですよ、母なる三面川ですからね。

【写真 2】

●出雲弁

二〇〇九年は、松本清張生誕百年でした。清張の長編小説『砂の器』は、現在の島根県奥出雲町の方言が被害者の手がかりとして使われました（ただし、注意すべき部分もあります）。

島根県の出雲弁における言語の商業的利用についてご紹介しましょう。

①「だんだん」

ＮＨＫの朝の連続テレビ小説の題名にもなりました。「ありがとう」の意です。第71回の「おしょうしな」も「ありがとう」でした。この意味の方言は、商業的利用がしやすいようです。たくさんありました。メッセージはもちろんのこと、方言ネーミングにも多く使われています。第71回は、ウェブ連載でどうぞ。

※「奥出雲古民家暖々」では、案内の方から「ヨージンシテ」〔お気を付けてどうぞ〕と出雲弁で送られました。直接話していただいて「だんだん」という気持ちです。

②方言メッセージ（「だんだん」以外のもの）

松江駅前のレンタカー営業所の「レンタカーあ〜よ　借りに来ないやぁ」【写真1】と、出雲大社の「知っちょなはーますか?」〔知っていらっしゃいますか?〕【写真2】です。文によるものなので、この方言の感じが伝わりますね。

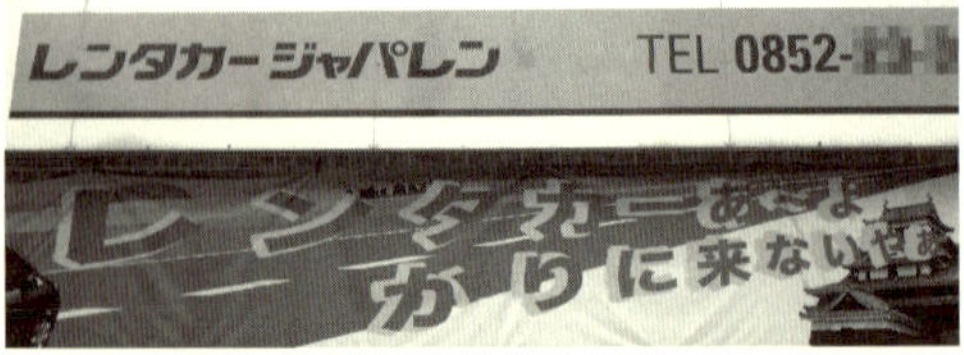

【写真1】

③方言菓子

各地にある、方言の印字された菓子です。クッキーとまんじゅうです。クッキーには八種の方言が印字され、共通語訳も付いています【W76-5】。

えなげな〔へんな〕
おんぼらと〔ほのぼのと〕
たばこする〔休けいする〕
だんだん〔ありがとう〕
ちょんぼし〔少し〕
ばんじまして〔夕方になりました〕
ほんそご〔かわいい子〕
まめなかね〔元気ですか〕

④松江市営〝出雲弁〟バス。

「だんだん」のほか、車体の左右と後方に、方言がたくさん書かれてあります。圧巻です【写真3】。

（田・76）

【写真2】

【写真3】

《謝辞》【写真2】は、樋渡登先生（都留文科大学教授）よりご提供いただきました。ここに記しまして感謝の意を表します。（樋渡先生におかれては、二〇一一年三月にご逝去なされました。生前のご恩にあらためて感謝申し上げるとともに、ご冥福をお祈りいたします）

第六章

方言ネーミング・店名、方言活用のバリエーション

方言名の公共施設

最近、各地の方言で名前が付けられた公共施設などが増えてきています。

具体例を見ていきましょう。私が知る範囲では、東北地方に特に目立っています。

青森市にある「アウガ（AUGA）」【写真1】二〇〇一年に設置。以下（　）内は同様に設置年）は、「会う・うれしい・げんき・あたたかい」のローマ字表記の頭文字をつないだもので、津軽弁の「あうが」（会おうよ）の意も含まれています。またこのビルの中には、青森市男女共同参画プラザ「カダール」（仲間になる、語る）もあります。

岩手県盛岡市の「プラザおでって」（二〇〇一年）の「おでって」は（おいで）の意ですし、花巻市「なはんプラザ」（一九九二年）の「なはん」は文末に付く（〜ね）という意味の語から、また久慈市の「おらほーる」（一九九八年）は「おらほ」＝（自分たちのところ）＋ホールです。

宮城県大河原町の仙南芸術文化センター「えずこホール」（一九九六年）の「えずこ」は、（昔の育児用の藁

【写真1】

製のかご」のことで、建物の外観も「えずこ」の形をしています【W13―2】。地域文化創造のゆりかごのような役目を果たせるように……という願いを込めたものです。

福島市の「コラッセふくしま（CORASSE）」（二〇〇三年）の「コラッセ」は〔おいでください〕の意で、COは英語の接頭辞〔ともに、共同で〕、ASSEはイタリア語の〔軸、基軸〕の意にもかけてあるとのことです。また、北陸の富山県黒部市には国際文化センター「コラーレ（COLARE）」（一九九五年）があり、〔いらっしゃい〕という意味です。

以上挙げた施設は、いずれも主に利用するのは地元の人たちだろうと思われます。

一方、南のほうからも挙げましょう。これは、県外に設置されており、主な利用者として地元以外の人たちを想定しているケースです。

宮崎県が東京の新宿駅南口に開設（一九九八年）しているアンテナショップ〔消費者の関心や嗜好がどういうものに向いているのかをいち早く知るために設置する店舗〕の名前は「新宿みやざき館KONNE」です。「KONNE」は宮崎の方言「来んね」で、〔（宮崎県に）来ませんか〕という意味。従来どおりの命名法だと「宮崎県物産館」「宮崎県特産品紹介センター」「宮崎県物産観光プラザ」「宮崎県とっておき情報プラザ」……、などといった名前になったところだったでしょうか。

今までに挙げた例にもあったように、方言をローマ字書きにするケースが多いのも近年の傾向で、方言を一見外国語風に表記して、しゃれた感じと、何だろう?と思わせる効果をねらったものです。

こういった方言名の施設が増えている理由としては、「同じ名付けるなら、平凡で陳腐なものよりも、その土地らしさがより強くアピールできて印象に残り、皆により親しまれる名前を付けたい」という意識と欲求が高まってきたことが挙げられるでしょう。

今後、どの地域で、どういう個性的なネーミングが登場するのか、楽しみです。

（日・13）

《参考》さらに詳しくは、各施設のウェブサイトなどをご覧ください。また、日高貢一郎「方言によるネーミング」（明治書院『日本語学』、二〇〇五年十月号）には、その他の分野や商品名などを含む、全国各地の約八十件の事例を紹介してあります。

●——鹿児島市の「キャンセビル」と「よかセンター」

鹿児島に行ってきました。二〇一一年三月十二日に九州新幹線が全線開業し、新大阪駅から終点の鹿児島中央駅まで最速三時間四十五分で行けるほど時間距離が縮まりました。が、おりしも東日本を襲った巨大地震の直後だけに、予定されていた祝賀行事などはなく、静かなスタートになったということです。

その鹿児島中央駅東口のすぐ前に、スーパー「ダイエー」などが入っているビルがあり、その名を「キャンセビル」という由【写真】。一瞬「一体これは何語だろうか?」と思いましたが、実はこれ、鹿児島の方言にちなんだ名前だとのこと。

鹿児島では「キバイヤンセ」〔気張りなさい、元気で頑張りなさい〕のように、「〜シヤンセ」は、相手にやさしく〔〜しなさい〕と勧めるときに使う敬語表現です。「キャンセ」は「来ヤンセ」をもじったもので、〔どうぞおいでください、いらっしゃい〕と呼びかけています。このビルは、駅前再開発によって、平成十一年六月に完成。名前は千二百点もの応募作の中から選ばれたのだそうです。

またこのビルの七、八階には「よかセンター」があります【W143-2】。正式な名称は、鹿児島市長を理事長とする「財団法人 鹿児島市中小企業勤労者福祉サービスセンター」が運営する「鹿児島市勤労者交流センター」といい、「よかセンター」はその愛称（鹿児島方言でいうとシコナ（醜名）＝ニックネーム）です。

ここには、体育館やトレーニングルームなどの運動施設、多目的ホールや会議室・和室・創作室などの文化施設があり、くつろいだ雰囲気の中で雑誌や新聞を読めるサロン、囲碁・将棋を楽しめる娯楽室なども備えています。駅のすぐ前という非常に便利なところにあり、使用料も安く、市民に盛んに利用されています。

【写真】

「よか」は言うまでもなく、九州方言を代表する、「高か、安か、速か、楽しか、……」のように語尾が「〜か」で終わる、いわゆる「カ語尾」の形容詞で、〈良い〉という意味ですが、もちろん「余暇」を有効に活用して充実した毎日を過ごそうという意味も含まれています。鹿児島市役所のウェブページにも、この施設は「勤労者の余暇活用の充実と相互の交流を促進するために設置したもので……」とあります。

80〜81ページで「方言名の公共施設」を取り上げ、青森駅前のビル「アウガ」〈会おうよ〉と、その中に入っている青森市の男女共同参画プラザ「カダール」〈仲間になる、語る〉を紹介しましたが、この鹿児島市の例も、期せずしてまったく同様の発想で命名されており、日本の北と南で同じようなネーミングが行われているその偶然の一致が、非常におもしろく思われます。

（日・143）

●——信州・松本に、えべや！

その看板とロゴは、松本市内の老舗スポーツ用品店「スポーツプラザ　ヤマトヤ」（松本市大手）の一角を占めています。

「えべや」は、「えぶ」「えーぶ」（歩く）の命令形に「や」がついたもので、「（歩いて）行こう」といった意味合いになります。この「や」は、小林一茶の句「我と来て遊べや親のない雀」の「遊べや」の「や」と同じです。

【写真 1】

【写真 2】

同じ音にかけて、この「や」の部分を「家」と表記しているのは、人が集まるお店を意図してのことだそうです。

また、ロゴが歩く人をイメージしているのも、ウォーキングシューズを扱うお店ならではの凝った部分です。

お店のご主人のお話では、先代が松本市の北方、安曇野のご出身で、よく「えんでく」（歩いて行く）という語を使っていたとの由。地元への愛着をこめて、方言による命名とロゴの一工夫をされたとのことでした。

ちなみに、「えぶ」「えーぶ」の語源をたずねると、「あゆむ（一歩一歩の足取り。馬や人が一歩一歩足を運んでいく意）」にたどり着き、その変化の過程は、「あゆむ」→「あゆぶ」「あよぶ」→「あいぶ」「あえぶ」→「えーぶ」となります。

お店でオススメのシューズを履いて城下町の散策に出ると、軽やかで何かいいことがありそうな気がしてきます。

（大・75）

北信濃方言に親しめるお店

そのお店は、「游学城下町」として売り出し中の長野市松代町《まつしろまち》にあります。江戸情緒あふれる商店街で、和菓子から洋菓子までを幅広く製造販売する蔦屋本店。その最近のヒット作が「かりんとう饅頭 大名のおこびれ」【写真1】です。カリカリとした皮に、しっとり餡が包まれ、まさに絶妙の食感です。

「おこびれ」とは、おやつのことで、「こびり」とも言い、長野県内の他地域では、「こびる（小昼）」（木曽・伊那）、「こびれ」（更埴・小県）と言ったりもします。漢字で、「小昼」と書くことができるように、語源のハッキリした語です。

「城下町にはおいしい和菓子（屋）がある」というセオリーをふまえ、お茶のおともにというねらいがネーミングに込められているようです。

このお店には、もう一つ、商品のほかに方言グッズがあります。それは、店員さんお手製の方言一覧（チラシ）【写真2】です。

作成のねらいを伺ってみると、同じ長野県内から嫁いできたものの、日常会話の中に飛び交う方言に戸惑うこともしばしば。はてなと思う語を書き留めて、おもしろいと思われるものを一覧にし、お店で配ったところたいへん好評だったとのこと。帰省の際に、お店を訪れた松代町を離れた方にも、喜ばれたとの由。何度かのバージョンアップを重ね、今の版に至っているそうです。

地元・松代町を愛する社長さんのもと、地域の方はもとより、たくさんの観光客をおもてなしすることに努

【写真1】

めているお店の力作二点でした。

（大・80）

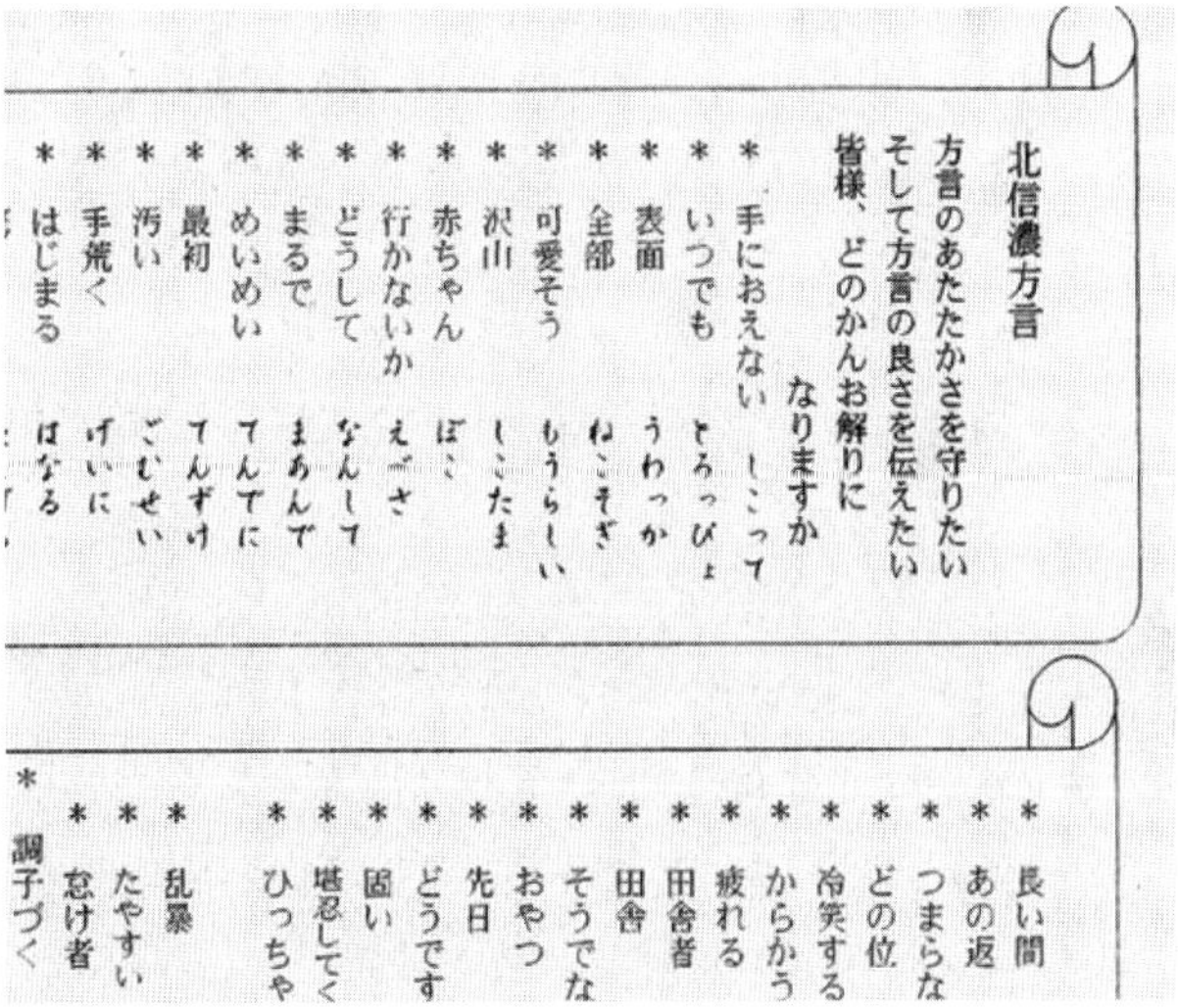
北信濃方言
方言のあたたかさを守りたい
そして方言の良さを伝えたい
皆様、どのかんお解りに
なりますか
* 手におえない　しこって
* いつでも　とろっぴょ
* 表面　うわっか
* 全部　ねこそぎ
* 可愛そう　もうらしい
* 沢山　しこたま
* 赤ちゃん　ぼこ
* 行かないか　えござ
* どうして　なんして
* まるで　まあんで
* めいめい　てんでに
* 最初　てんずけ
* 汚い　ごむせい
* 手荒く　けいに
* はじまる　はなる
* 長い間
* あの返
* つまらな
* どの位
* 冷笑する
* からかう
* 疲れる
* 田舎者
* 田舎
* そうでな
* おやつ
* 先日
* どうです
* 固い
* 堪忍してく
* ひっちゃ
* 乱暴
* たやすい
* 怠け者
* 調子づく

【写真2】

信州・上田弁にひたれるお店

上田と上田弁とラーメンをこよなく愛する柴崎章氏のお店「六文銭ら〜めん　真田幸村」（上田市本町）です。

店名をはさんだ計六枚の看板は、方言によるおすすめメニューになっています（右から読んでいくと、次のような意味になります）【写真】。

〔六文銭のもつ煮定食は、とてもおいしい〕
〔激辛ラーメンは、無鉄砲に食べるとおなかが痛い〕
〔思う存分、遊んだあとの　生ビール〕
〔あなたも午後のおやつ代わりにみそラーメン〕
〔競争して取り合うようにして、たくさん食べても、あきないねぇ　ギョーザ〕
〔大食漢、唐揚げをおかずにして飯四杯〕

ラーメンはもちろん、多くの方々に上田弁に親しんでもらいたいとの思いから、かつては地元の新聞に、自作の方言番付を披露したこともある柴崎氏。その力作は、これまた自作の方言カルタ（読み札のみ）とともに、『信州上田藩　上田人養成公式ガイドブック』（私家版）に収録され、店内で、注文の品を待つ間に閲覧することができます。

上田にお越しの際は、足を伸ばされてはいかがでしょう。仮に時間外でも、上田弁による「支度中の看板」が出迎えてくれます。

やくやく〔わざわざ〕
おいでくれたに〜〔来て頂いたのに〕

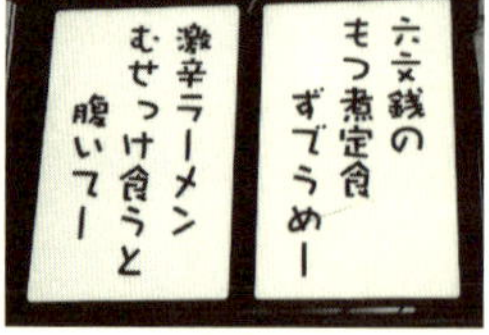

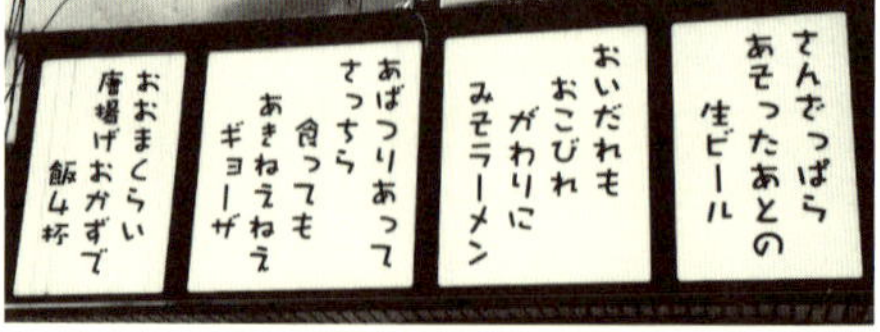

【写真】

店やってね〜で〔店が休みで〕
ずで　わり〜だに〜〔本当に　申し訳ございません〕
こんだ　また〔この次に　また〕
よっとくんなし〔お寄りください〕

（大・125）

●―方言キャラクター

最近は、ご当地キャラクターが流行っています。全国的に話題になった例もありますね。

さて、そういうご当地キャラクターに、その土地の方言で名前を付けた、つまり、「方言ネーミング」をしたものが、いくつかあります。これを、「方言キャラクター」と呼びます。今回は、「方言キャラクター」について少しお話しします。

まず、第21回で紹介しました、NHK盛岡放送局の「がんすけどん」と「なはんちゃん」も、「方言キャラクター」です。第21回は、ウェブ連載でどうぞ。

東北地方にはまた、ご当地ヒーローの方言キャラクターがたくさんいます。

青森県「跳神ラッセイバー」【写真1】、岩手県「岩鉄拳チャグマオー」【写真2】、秋田県「超神ネイガー」【写真3】が、その代表です。（これらの写真は、株式会社正義の味方より提供されたものです）

いずれもその県の有名な催しに関連する方言を使っています。

青森県の「ラッセイバー」は「ラッセイ」の部分が方言です。「ねぶた祭り」の掛け声「ラッセーラー」（出せ出せ）からとっています。

岩手県の「チャグマオー」は、「チャグ」の部分が方言です。「ちゃぐちゃぐ馬っこ」の「ちゃぐ」からとっています。「ちゃぐ」は、この催しのとき馬に着ける鈴の音のオノマトペ（擬音語）です。催し場所の滝沢村や盛岡市の方言での正確な発音は「ツャング」

【写真1】

【写真2】

です。擬音語にも地域性つまり方言による違いがありますので、「チャグマオー」も方言キャラクターの例になります。「岩鉄拳」は「いわてっけん」と読み、「岩手県」と掛けています。

秋田県の「ネイガー」は、「なまはげ」のせりふ「泣ぐ子はいねがー。悪り子はいねがー」のおしまいの「ねがー」からとっています。

これらには、関係キャラクターがたくさんいます。そのほとんどが方言キャラクターです。

例えば、「ネイガー」には、超神（ネイガーの味方）、邪神（敵）、だじゃく組合（怠け者）がいます。「だじゃく組合」には、いかにも「だじゃく」らしい方言キャラクターが揃っています。いくつか紹介します。「キャラクター名」のあとの〔　〕に共通語の意味を添えて示します。「ハンカクサイ」〔愚か、バカ〕、「ゴンボホリー」〔だだをこねる〕、「エラシクネ」〔かわいげがない〕、「セヤミコキ」〔仕事に手抜きをする人〕、「メグセクネイガー」〔不美人でないか〕、「カマドキャシ」〔破産した人〕など、その他たくさんいます。詳しくは、『超神ネイガーオフィシャルサイト』http://homepage1.nifty.com/nexus/neiger/で説明しています。また、ABS秋田放送の番組『秋田観光地大決戦！』で放送しています。番組ウェブサイト内でも各キャラクターの性質や相互関係も説明しています。

【写真3】

皆さんの地方にも「方言キャラクター」がいましたら、どんどん、私たちに教えてください。

（田・26）

●——佐渡の「〜ちゃ」

佐渡観光の誘客・ＰＲを目的とした「CHEER UP! ふんばれっちゃ佐渡キャンペーン」が佐渡市で展開されました（二〇一一年三月三十一日まで）。ステッカー【写真１】のほか、Ｔシャツ（標語に佐渡島とトキをデザイン【写真２】）が作られ、佐渡市や観光協会の職員の方々が着用、活動を盛り上げました。

また、相川地区では、商店街や地域の活性化を目指す「こいっちゃまつり」が八年ぶりに復活（二〇一〇年九月二十六日に開催）。

「〜ちゃ」（だよね）は、どことなく暖かみを感じさせる文末表現ですが、「そうだっちゃ」「行くっちゃ」のように、共通語の「よ」の代わりに用いられ、力を込めて使われている感じがします。

すぐに佐渡島へ出向けないという首都圏の方は、居酒屋「だっちゃ」（地下鉄銀座線浅草駅改札そば）へ。そこは、方言Ｔシャツ（「へちこうぜい」（余計なお世話）など五種あり）を身につけた店主・喜多村さやかさんが切り盛りするお店。佐渡市出身の喜多村さんの佐渡弁とともに佐渡の郷土料理と銘酒が楽しめます。

「だっちゃ」と聞くと、漫画『うる星やつら』の主人公・ラムちゃんを思い出される方も多いのでは？

このラムちゃんの「だっちゃ」について、方言研究家・篠崎晃一氏は、仙台方言説（「仙台だっちゃ」といわれるように、仙台では有名な文末表現であること・原作者の高橋留美子さん

【写真１】

【写真２】

が井上ひさしさんの小説にヒントを得たという説も根強い）に対し、宇宙方言説（ラムちゃんは宇宙人であり、自分のことを「うち」と呼んだりして、日本という枠を飛び越えている）を出されています（『日本語でなまらナイト　しのざき教授のなまらやさしい方言講座』小学館、二〇〇六）。

が、居酒屋「だっちゃ」では、佐渡方言説が有力。ふじの井酒造（新潟県新発田《しばた》市）特別本醸造「うる星やつら」のラベルを眺めながら、原作者高橋さん（新潟市出身）のご親族は、佐渡のご出身というお話を聞いていると、説得された気持ちにもなります。

「年齢確認」が必要なフィールドワークですが、「対象年齢」の方は、盃を傾けながら、自説を練ってはいかがでしょう。

（大・140）

●――方言店名の盛衰―石垣島のテレビ効果

東日本大震災による地震、津波と原発事故という「三重苦」で、被害を受けた方々をお見舞い申し上げます。津波といえば、石垣島で一七七一年に高さ八十五メートルの山肌まで達したと伝えられる大津波があり、住民の半数近くが亡くなりました。今回の東日本大震災でも、石垣市からは多くの義援金が寄せられました。

その石垣市では方言が元気で、店の名前で方言が目立ちます。アーケード街の商店名簿の方言店名は、二十年前の三店（八十九店中）から、二〇一一年には十三店（百二店中）に増えました。

隣の繁華街にも方言店名があります。南山舎という地元の出版社の『やえやまGUIDE BOOK』にはこの美崎地区の地図があります。尋ねて行って、最初の版から、地図のコピーをいただきました。現地と照合し、電話帳で調べ、統計ソフトに入力して整理したら、二十一世紀に入ってから方言店名が増えたと読み取れました。【グラフ】をご覧ください。

地元の人の話では、NHK連続テレビ小説の『ちゅらさん』のおかげということです。グラフに放送の年（続編を含む）を記しました。観光客数の増加とも関係します（参考：沖縄県八重山支庁による八重山入域観光客統計概況）。

方言店名については、204～207ページで世界の分布を扱っています。『明海日本語』16号にも論文が載っています（『明海日本

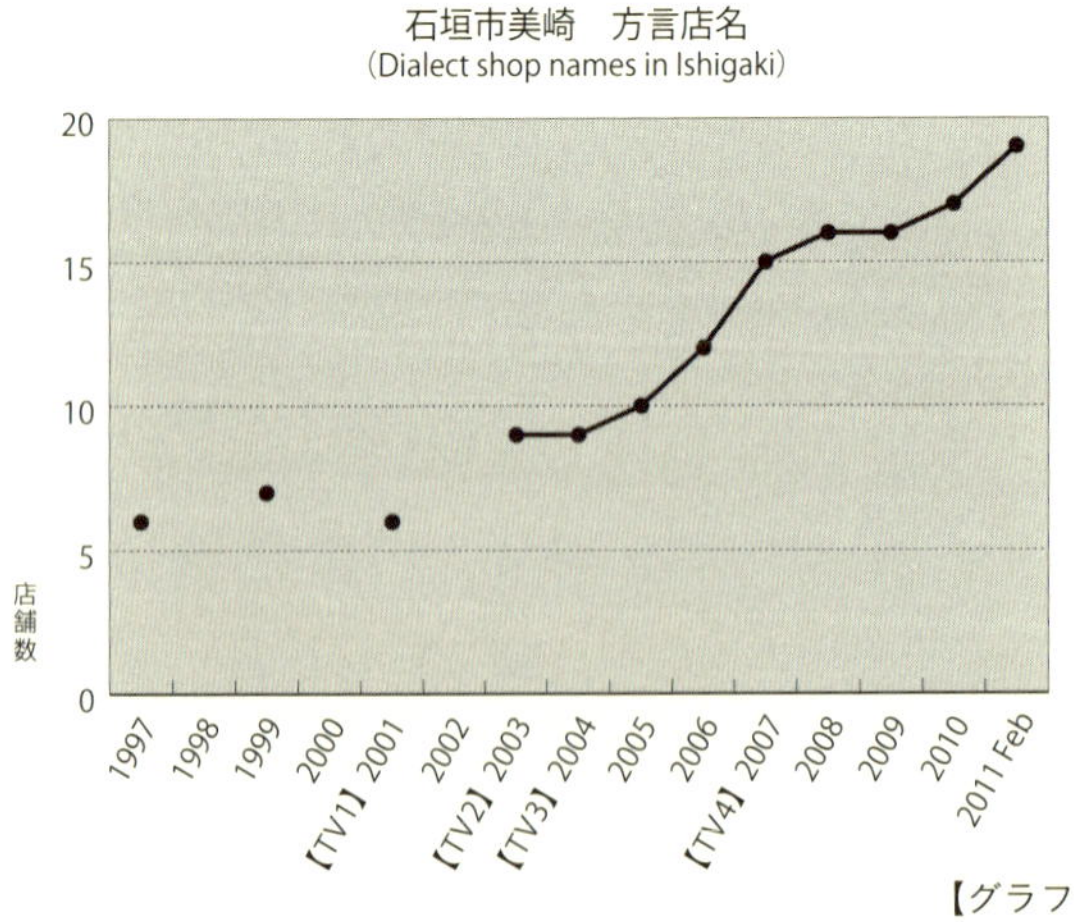

【グラフ】

語』のウェブサイトに論文のPDFが公開されています)。大阪市の方言店名は一九八〇年代に増えたようです。全国の動き、そして世界の動きはどうでしょう。実はUNESCOでは、石垣島を含む沖縄県南端のことばを、絶滅の危機に瀕した言語と扱っています(参考:UNESCO Atlas of the World's Languages in Danger)。だとすると、世界各地の言語復興運動と連動していると、みることができます。

これから方言店名がどうなるか、追跡したいところです。新たに生まれた方言店名は、住宅地図で探せます。今の店がいつまでもつかは、インターネットの電話帳で分かります。

そんな趣味の方のために、二〇一一年現在の石垣市美崎町の方言店名(計二十五種)を(掲載年の古いものから)リストにしました。

①今も存在する店名(15)……ゆうな　マーミヤ　ぐるくん亭　まーさん道　ゆくい　スブンテ　ゆんたゆらてぃく　てぃーだ　やいま日和　tilla earth(ティーラアース)　ニーランカーナン　やーちゅー　ふがらっさ　SANSIN

②今はない店名(6)……ばがー島　かりゆし　ウムッシャ　とーい　なんくる亭　やいま

③南山舎から「ある」とご教示いただき、インターネットの住宅地図にもあるが、インターネットの電話帳で出ない店名(集計表に算入)(2)……美ら島屋　花ぐるむ

④新たに見つけた店名(集合ビルのスナックなど)(2)……マヤマヤ　にいにい

(井・147)

第七章

方言パフォーマンス、聞く方言

●NHK宮崎放送局の「いっちゃがTV」

全国各地の放送局には、地元の方言を活かしたユニークで個性的な番組があります。

NHK宮崎放送局には、「いっちゃがTV《テレビ》」という、方言で名前の付けられた情報番組があり、二〇〇〇年四月から十年間放送され、県内各地の多様で多彩な情報が得られると好評を博しました（総合テレビ、月～金、午後五時五分～六時放送）。

「いっちゃが」とは〈いいんだよ〉という意味あいの語で、「いい」＋「と」＋「じゃ」＋「が」の変化したもので、共通語の「良い＋の＋だ＋よ」に相当します。

メインキャスターは宮崎市出身の百《ひゃく》野《の》文《あや》さんで、彼女が番組内で使うことばは基本的には共通語ですが、相手や状況に応じて、宮崎の方言も交えて話せるのが強みです。明るいキャラクターとも相まって、番組発足以来、キャスターを続けて、番組を支えました。

「宮崎県民を愛し、宮崎県民に愛される番組をめざす」というのがこの番組のねらいで、毎回その話題にゆかりの人たちが生放送のスタジオに……。毎年、八百人から千人近い人がこの番組に登場したということです。

【写真】

番組で取り上げる代表的なトピックとしては、宮崎の旬の食材、話題の人物インタビュー、大学・商店街めぐり、中学校紹介、町おこしの話題、手芸・園芸講座、ライブ演奏、カルチャー情報、医療情報、県内各地のイベント紹介……等々、バラエティに富んでいます。

「方言」関係では、月に三回、水曜日には「宮崎弁研究所」というコーナーがあり【写真】、西都市出身の寺原重次さん（宮崎県語り部の会会長）が宮崎方言の魅力や意味・用法などについて解説。またその研究員の中《なか》所《じょ》美《み》紀《き》さん（日南市出身）が宮崎方言を駆使して「げなラップ」を作り、振り付けも考えて、保育園・幼稚園の子供たちから、友人どうし、家族そろって、職場のメンバーなど、番組でいっしょに踊るグループを募集し、画面で紹介しました。

「げな」はひとから聞いたこと＝伝聞を表す〔～だそうだ〕という意味です。

また、第一～三木曜日放送の「てげてげ休日」というコーナーでは、暮らしを豊かにする趣味や実用に関するノウハウを紹介。

「てげてげ」は70～71ページで取り上げた「てげてげ運転」と同様です。「あくせくせずに、のんびりほどほどに、楽しく休日を過ごしましょうよ」という提案と呼びかけの意味あいが込められています。

以上のように、番組名や各コーナーに方言でネーミングをしたり、また話題として方言を取り上げることによって、地元の視聴者に番組をいっそう身近に感じ、親しみを持ってもらうことができます。

「方言」は、放送の送り手と受け手を結び付ける上で、確かな効果を発揮しています。

（日・83）

●——知ったかぶりカイツブリ

最近、滋賀県産のアニメ歌「知ったかぶりカイツブリ」【写真1】（BBCびわ湖放送・藤井組http://www.fujiigumi.com/kaitsuburi/）がホットな話題になっています。歌って踊るあにツブリと、一緒にちょこまか動くちびツブリがアニメの中で歌っています。カイツブリは、滋賀県の県鳥です。びわ湖放送の頭にBBCがついているのも、イギリス（英国放送協会The British Broadcasting Corporation, BBC）のむこうを張っているようで意気込みが感じられます。

まずは、アクセスして、「告白の唄②」と「告白の唄③」を聞いてみましょう（Flash Playerが必要です。CDも市販されています）。

「ヤンス、コンス、きゃンスといえば　湖北の人なんです（いるよ、来るよ、来るよの意味）」（告白の唄②）、「野洲（ヤス）駅の看板に『おいで野洲（ヤス）』（いらっしゃいの意味）」（告白の唄③）、『このご飯こわい』は、硬いの意味です（超こわい～カチ・コチ）」（告白の唄③）などメロディに乗せて方言が楽しく使われています。

湖北にある長浜市の広報誌に「こんす」「きゃんす」「してやんす」が出ています【W34-2】。「きゃんせ」は「いらっしゃい」に少し親しみをこめた言いかたです【写真2】（83ページ参照）。

すでに皆さんも気がつかれたと思いますが、現代の地域語の商業的利用は、「明るく使う」「使って楽しい・うれしい」というアクセサリー的条件が必須でしょう。連載でとり上げた例では、聞く（ハローキティー・自販機）、見る（アニメ）、読む（のれん・絵葉書）、触る（はんなり豆腐）、着る（Tシャツ）、

知ったかぶり
告白の唄②
カイツブリ
みんな覚えて歌ってねー
作詞・作曲・歌：藤井組
編曲：ノリアキ / 絵：キムセイ

【写真1　©アミンチュプロジェクト BBC &藤井組】

味わう（酒・茶碗・ほっこり鍋・饅頭）、飾る（ホルダー）、遊ぶ（かるた）などがありますが、どれも楽しいです。

「知ったかぶりカイツブリ」の「イカイいかだでイカッタ」では、「行カッタ」「行かハッタ」が引用されています。

（前略）

イカイは大きいのことYO♪

遊びにイカッタは、

怒ってるんじゃないYO（中略）

イカッタは、行かはったのことYO♪

「～ハル」は滋賀県でもよく使われます。「行カッタ」は「行かハッタ」が変化した形です。都市部を離れると、高年層は、「ラッタ」も使います。近所の知り合いで、少し年上の人のことを言う場合などに用います。「ラッタ」は、「～られた」という尊敬語です。

「野洲のおっさんカイツブリ」には、以下のような歌詞が登場します。

きらった（～こられた：尊敬語）

しらった（～された：尊敬語）

チェケラッた？

野洲のおっさん酔っ払ってらった

野洲のおっさんみたらし食ってらった（続く……）

長い沈黙をやぶった滋賀県産の方言ヒット作品と言えましょう。これらの歌詞は視聴者からの投稿によって作られています。皆さんも参加し

【写真2】

てみてはいかがでしょう。

滋賀県では、なかなか方言みやげ・グッズが見つかりません。これまで滋賀弁は、京都弁の傘にすっぽり入っていたようです。世の中、多様性に向かっています。京都弁で「そやねんで、そんでな」というのは、滋賀弁では「ほやねんで、ほんでな」となります。「ほーほー」言うなと京都の人に言われても、自信を持って、「ほーか？我らビワコ・バイリンガル!!（共通語＋ビワコ弁）」と言い返す勇気が大切なのです。Viva Biwa♪VIVA BIWA♪日本地図に琵琶湖がないと、必ず書き込むといわれる滋賀県民のことばをご紹介しました。

（山・34）

●——むがすあったずもな〜どんどはれ

岩手県の遠野《とおの》市に、「遠野《とおの》昔話《むかしばなし》」という「方言パフォーマンス」があります。有名なので、知っている人も多いでしょう。たくさん（二百以上）のお話が入っています。まとめて遠野昔話と呼んでいるのです。ほとんどのお話が「むがすあったずもな」で始まり、「どんどはれ」で結びます。これが遠野昔話のほぼ決まった形です。今回は、遠野昔話の方言にまつわる話です。

実は、遠野昔話のすべてが遠野のお話なのではありません。「カッパ淵」や「オシラサマ」など遠野で生まれたお話もありますが、「親父買ってきた男」や「食わず女房」のように狂言や落語によく似たお話があるものも多いのです。それに、昔話も遠野だけのものではありません。多くの他の地方にも似た民話があります。

それなのに、遠野昔話だけが有名なのは、たしかな理由があるからです。次の三つです。

一つめは、遠野昔話は、使っている言語がぜんぶ、遠野の方言であることです。これは遠野昔話の最も大きな特色です。他の地方の民話のなかには、ストーリー中心の言い伝えで、方言の使い方は多くないものもあります。遠野昔話が語られるとき、お話のストーリーとともに、遠野方言を語り聞かせることにその意味があります。

二つめは、遠野昔話は、毎日（冬期は週二日）決まった時刻に定まった料金で「生」で聞かせていることです。「語《かた》り部《べ》」のおばあさんたちが、「遠野市立とおの昔話村」の「遠野昔話語り部館」に、交代で出演しています【写真1】（二〇一三年四月二十七日に「とおの物語の館」としてリニューアルしています）。http://www.city.tono.iwate.jp/index.cfm/35,23855,166,html に案内があり

【写真1】

ます。遠野市内には、このほかにも生で聞ける場所があります。

　三つめは、遠野昔話は、そもそも伝承すべき郷土文化であることです。遠野は、「民話の里」と呼ばれ、民話との深い関係があります。また、小学生に教えて「子ども語り部」として発表させるなど、次の世代に伝え残す努力が、長い間にわたりなされています。

　この三つは、言語経済学でとても大切です。その場所に行けば定まった料金でほぼ毎日、郷土文化としての質の高い方言を、生で、聞くことができるのです。また、文字に起こされて単行本で、録音されてCDで、また、録画されてDVDで販売されています。本やCDはたくさんあります。遠野昔話の方言グッズも作られています。Tシャツ【写真2】と、ひょうたん【写真3】【口絵写真⑯】です。遠野昔話は、伝承すべき郷土文化であるとともに、言語の商業的利用としても確立されているのです。

　おしまいに、ことばの説明をします。「むがすあったずもな」は、「昔あったということです」という話し始めのことばです。「ず」は「という＝トユー＞ツー＞ズー＞ズ」と変わって今の形になっています。「もな」は、元は「ものな」で、やさしく言うことばです。お話の結びのことば「どんどはれ」では、「どんど」は「すべて」、「はれ」は「はらい＝祓い」です。お話しのおしまいに、その場（または聞く者の精神のうち）に漂っている言霊

どんどはれ
むかす、あったずもな
【写真2】
（注）枠内は背側中央部

【写真3】

【写真4】

（ことだま）を、「すべて祓う」ためのことばだとされています。

この二つは、最近、応用した使われ方もあります。「どんどはれ」は元とは別の意味の当て字「どんど晴れ」で、NHK連続テレビ小説（二〇〇七年四～九月）になりました。「むがすあったずもな」の「ずもな」は、遠野の地ビール「ZUMONA」（上閉伊酒造株式会社製【写真4】）になりました。

「皆さん　遠野さ　おでんすて　むがすばなす　ちーてがんせ」

〔皆さん　遠野に　いらっしゃって　昔話を　聞いてくださいな〕

～～　どんどはれ　～～

（田・6）

●岩手弁 方言詩の世界

101〜103ページで「遠野昔話」を紹介しました。「遠野昔話」は遠野市の「とおの物語の館」などで聴くのですが、岩手県には県全域で聴く「方言パフォーマンス」の『岩手弁 方言詩の世界』があります。

『岩手弁 方言詩の世界』は、ラジオを聴いている人から募集した、岩手県内の方言で作った詩です。ＩＢＣ岩手放送（ＴＢＳ系の地方テレビ・ラジオ局）のラジオ放送で、月曜日から木曜日は「朝からＲＡＤＩＯ」という番組内の午前九時二〇分頃から五分間、土曜日午後四時五分からの「岩手弁 方言詩の世界」で十五分間、つまり、一週間に五日放送されていました（木曜日と土曜日の放送は二〇〇九年三月まで。同月三〇日以降は「朝からＲＡＤＩＯ」の月曜日から水曜日の紹介となりました）。ラジオなので「県全域で聴く」のです。

この放送局の菊池幸見《きくちゆきみ》アナウンサーが朗読します。菊池アナウンサーは遠野市出身です。101〜103ページのとおり、遠野市には方言を大切にする土地柄があります。彼も、方言に強い関心を持っています。

朗読の録音がＣＤになっています【写真】（Ⓒ㈱徳間ジャパンコミュニケーションズ）。株式会社徳間ジャパンコミュニケーションズから、二〇〇九年十二月までに十枚出ています。二〇〇六年八月に「抒情編」「笑いと涙編」「お色気編」、同年十二月に「家族編」「少年時代編」、二〇〇七年八月に「笑いと涙編パート2」「純情編」、二〇〇八年七月に「完結編か?!編」と（他とは趣を変えた）「番外みちのく編」が、そして、二〇〇九年十二月に「今度こそ完結編」が、それぞれ発売されました。

最初のＣＤの「抒情編」から一部紹介します。筆者が聴き取った方言詩に、ＣＤのブックレットにある共通語訳を（　）内に示します。ブックレットには共通語訳だけが載っています。

【写真】

題名：「寒の頃」　　ラジオネーム（作者名）：怪しい男

でゃんどごのみずがみもぞみずも〔台所の水瓶も、雑水も〕～でゃごもなっぱも〔大根も菜っ葉も〕～
さっぱどすぃむぃですぃまってぃ〔全部凍ってしまって〕～
えだどあげでそどむぃだぎゃー〔板戸を開けて外を覗けば〕～
のぐぃのすぃたのたろしだー〔軒下のつららは〕～でぃごでぃごどこいで〔でごでごと大きくなり〕～
さんじゃぐもごしゃぐもあすぃのばすぃてぃ〔三尺も五尺も脚を伸ばして〕～
ずぃらずぃらどおすぃさまあだってまつぴちゃー〔ぎらぎらとお日様に当たって、眩しい〕～
ゆんびなにでつるすぃだすぃみでゃーごんも〔昨夜煮て吊した、凍大根も〕～
えろいぐすぎどーるよーぬぃすぃれぐなった〔色良く透き通るように白くなった〕～後略～

ところで、方言詩自体は千三百年以上の長い歴史があります。奈良時代の『万葉集』に、関東地方の方言による東歌《あずまうた》や、その他庶民による方言そのままの歌も入っています。近代～現代の方言詩は、奈良時代のものとは違い、共通語と異なることばとしての方言を意識して作ります。この種のものの他の地方の例も確認しています。岩手県には大正時代からの伝統があります。宮沢賢治（花巻市出身）が方言で短歌を作っています。

その中で、『岩手弁 方言詩の世界』は二つの点から特別です。一点めは、ここに「詩」の原点があることです。作者はプロの詩人でなく、ふつうの人です。日常使うことばで、文学的テクニックをほとんど入れず、自分の気持ちを最もすなおに詩にしています。二点めは、方言経済学からみて、言語の商業的利用として確立されていることです。かつては週に五日（二〇〇九年三月三〇日以降は週に三日）も民間放送のラジオで放送され、また、多数のＣＤが発売されています。他の地方にはないことのようです。

（田・11）

共通語に訳しにくい方言でコマーシャル

一九七〇年代、ドリンク剤のテレビコマーシャルで用いられたキーワード「ちかれたびー」。ヒットCMともなったこのコマーシャルは、今日の方言をたのしむ気運のさきがけとも評価できるでしょう。ヒットの背景には、共通語にしてしまうと、抜け落ちてしまう微妙なニュアンスがあることをわかりやすく表現し、そこに方言に対する共感が集まったこともあると思われます。

先日、地元のJR小海線に乗っていたところ、車内広告に「ちかれたびー」の系譜につらなる例を見つけました。

「ごしたいは、こわい?」をキャッチコピーとして、地元の方ならわかる「ごしたい」〔疲れた〕をもとに、他地域の類義の方言「こわい」をかけて説明が続きます。長野県内では、ほかに疲れた時に「てきない」も使いますが、南部の方が主となります。

「ごしたい」によって、PRされているのは、健康補助食品で、感情を表現する形容詞の方言を用いて訴えている点に工夫が見られます。

製品の製造元である王子木材緑化株式会社によると、この「お国ことば中吊り広告」は、次の四種作成されたそうです。

【写真 1】

【写真 2】

①「ごしたいは、こわい？」……ＪＲ小海線
②「こわいは、えらい？」……ＪＲ日光線
③「かいだりいは、こわい？」……ＪＲ名松線
④「きつかーは、えらい？」……筑豊電気鉄道

列車にゆられながら、広告をながめていると、健康への気づかいが必要だとしみじみ感じられてきます。（大・60）

方言をしゃべる自販機

飲み物の自動販売機が方言で買い方を案内してくれます。しかも、方言だけではなく、多言語社会を反映して、外国語もしゃべります（以下、アペックス社の自販機の場合）。日本語、英語（固定）に加えて四種類の言語と方言の設定が可能で、その設定は設置場所によって変えられるようになっています。方言は設置する地域に応じて、五つの方言の中から四つまで選択できるようになっています。

タッチパネル【写真】で「関西弁」に切り替えると、「あったかい飲みもん、冷たい飲みもん、どっちか選んで、ボタン触ってな〜」とお声がかかります。「好きな飲み物グループボタンに触ってな〜」「好きな飲み物サイズボタンに触ってな〜」「ほな、砂糖やクリームの量は自分で調節してや」「お待たせ〜。出来たで〜。あ！　扉は自動で閉まんねん。今日はほんま、ありがとうやで。また、来てや〜」という具合です。

うっかりお金を入れないで、品物を選ぶと、「お金入れてや」「カードをこするか、お金を入れるか、二つに一つやで！」「カード入れたって〜」と、最後までこまやかな応対をしてくれます。「お金入れてや〜」（関西弁）は、「お金ば入れでけ」（東北弁）、「お金を入れたってちょーだい」（名古屋弁）、「お金（おかによ）を入れてみんさい」（広島弁）、「お金ば入れてつかーさい」（博多弁）と変換されています。

一つの方言に、二十七通りの表現が用意されています。コーヒー、紅茶、ラムネソーダなど、飲みたいものはほとんどそろっています。夏に向けてカキ氷もあります。まさに19インチ液晶画面のタッチパネル方式による〝自販機劇場〟【口絵写真⑰】です。

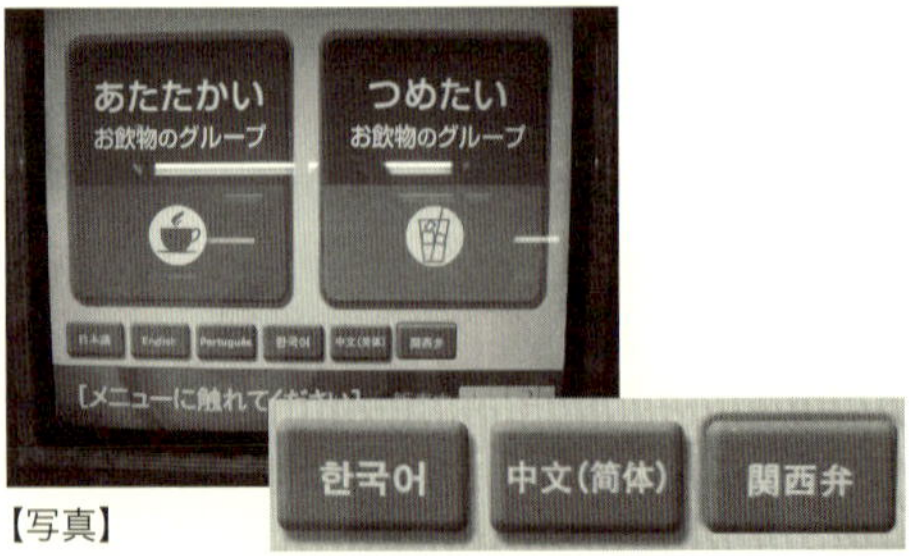

【写真】

くじによるキャッシュバック機能もあるのですが、これは日本語の共通語のみで知らされます。ですから、方言に聞きほれていると、当選のランプは消えてしまい、せっかくのキャッシュバックを逃すことになるので、ご用心とのこと。ボタンを押してから飲み物が出来上がるまで、自販機が次々としゃべり続けるので、待つ時間を全く感じさせません。

方言をしゃべる自販機を提供しているのは、筆者が知る範囲で二社です。まず、ダイドードリンコが缶入り飲み物の自販機を二〇〇三年に関西弁で開発しました。順番は、共通語（二〇〇〇年）、関西弁（二〇〇三年）、外国語（二〇〇五年中国語・英語・ポルトガル語）、津軽弁・名古屋弁・博多弁（二〇〇六年）、広島弁（二〇〇七年）、京都弁（二〇〇八年）の順です。

続いて、アペックスがカップ式自販機を二〇〇五年に開発しました。アペックスでは、まず、日本語（共通語）と外国語（英語・ポルトガル語・韓国語・中国語）で販売を開始しました。ついで、地方色を楽しんでもらおうと、関西弁・東北弁・名古屋弁・広島弁・博多弁を加えました。

方言の言語経済力は、二社とも関西弁がトップ、二位以下は、東北弁（津軽弁）、名古屋弁、博多弁、広島弁とベスト5は一致しています。

とにかく楽しくて、自販機の前を立ち去りがたくなります。自販機の前でにやにやして、順番をゆずらない人がいるのを見かけたら、それはまちがいなく方言をしゃべる自販機です。

すべての方言を聞こうと思ったら、三、四日、眠れないほどのコーヒーを飲まなければならないから、念のため。

（山・9）

第二部

買える方言・買わせる方言

第一章　方言みやげ

方言絵はがきは今……

全国各地には、その土地の名所・旧跡や、代表的な観光スポットを、恰好のアングルから写した観光絵はがきがあり、旅行者は、旅の記念にそれを求めます。

そのユニークなバリエーションのひとつとして「方言絵はがき」があります【口絵写真⑱】。

いくつかのタイプがあり、①名所の写真を示し、方言でその観光ガイドをする《場面解説型》【写真1】、②道での立ち話、他家を訪問した際の玄関でのやり取り、店での買い物風景などの場面を写真やイラストで描き、方言の会話でその土地の日常を表現する《会話展開型》、③代表的な方言の単語を挙げ、その語のニュアンスがわかるような場面を描く《一語説明型》【写真2】、④代表的な方言の語彙を多数挙げる《語彙列挙型》、⑤漫画のシーンと顔の表情で方言語彙の意味あいを説明する《漫画表現型》、など、多彩です。①と②が最も一般的で、④はセットになったものの一枚として加えられていることがあります。

そしてこれらを四枚、八枚、十二枚などを一組としてケース（袋）に入れ、『秋田のことば』『名古屋言葉』『土佐方言』などといった題がつけられ、ケースには、その土地を代表する風景や事物の写真、イラストなどが描かれています。

地域差が大きいのも特徴のひとつで、これまでに知りえた二百五十点を超える方言絵はがきを見ると、多いのは東北（青森、岩手、山形、宮城）、東海（名古屋）、

【写真1】

北陸（金沢、富山）、関西（京都、大阪）、四国（高知）、九州（博多、熊本、鹿児島）などですが、いずれも方言に特徴のあるところに集中していることがわかります。

よそからその土地を訪れた観光客を主な対象として想定し、いかにも遠くに来たと〝旅情〟を感じて、思い出のよすがとして買ってもらうことが主なねらいになっています。

ユーモラスな、遊びごころをもった観光みやげ、それが「方言絵はがき」だ、と言っていいでしょう。

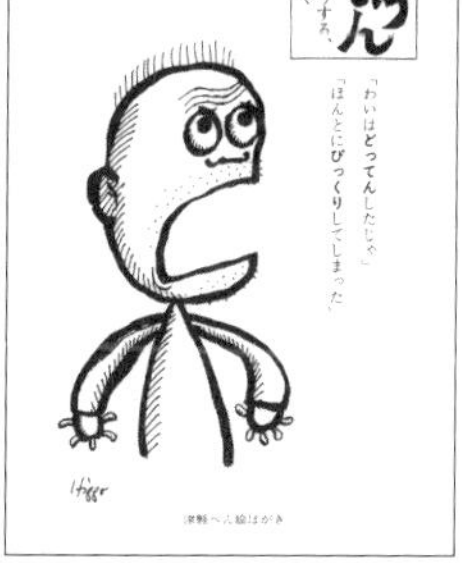

【写真2】

ところが、ある時期、地元出身者を想定したものがありました。実は、戦時中の「兵士慰問用のはがき」に、この方言絵はがきが利用されていました。あすはどうなるかわからない戦場の最前線で、懐かしい故郷のことばで描かれた慰問のはがきを受け取った出征兵士たちは、どんな思いでこれを読んだのでしょうか？

かつては、全国各地で多彩な姿を見せた方言絵はがきでしたが、最近はめっきり少なくなりました。今も販売されているのは、青森県ぐらいではないかと思われます。もしそのほかの県で手に入るところがあったら、ぜひご教示ください。

（日・3）

《参考》なお、さらに詳しくは、日高貢一郎「「方言絵はがき」の研究（1）」（『大分大学教育福祉科学部研究紀要』二十六巻一号、二〇〇四年四月）をご覧ください。

方言絵はがきの今

方言グッズの定番といえば、一昔前は、手ぬぐい・のれん・絵はがきと相場が決まっていました。駅前のみやげもの店に行けば、いつでも手に入ると思われていたこれらの品々も、現在は、実のところ、なかなか見つけにくいものになってしまいました（主力は、この本やウェブの記事でご紹介しているような物品に変わっています）。

方言絵はがきに限ってみても、戦前の方がむしろ盛んで、各地でいろいろなものが作られていました。筆者が集めたものでも、青森・岩手・宮城・秋田・山形・福島・富山・石川・福井・愛知・京都・大阪・広島・高知・福岡・佐賀・長崎・熊本・鹿児島の方言絵はがきがあります（なお、方言絵はがきを中心とする方言グッズのコレクションは、山形県三川町に、故徳川宗賢先生が寄贈されたものがあります）。

戦後のものは、あまり見かけず、最近では、筆者の知るかぎり渋谷伯龍氏の作品（津軽弁がモチーフ）があるのみで、しばらく不遇をかこっていた分野なのです。

と、ここに来て、山口弁をあしらった年賀状が作られました【写真1・2】。干支のウシのイラストに、「え～一年になりゃえ～ね」「どね～しちょる?」「元気にしちょる?」「ごぶさたしちょります」の一言が添えられています。それぞれの一言には、ホッとさせるものがありますね。

【写真1】

【写真2】

すこし前の話ですが、「ないものは自ら作る」をモットーに、学生と共に方言絵はがきを作ったことがあります。地元の信州方言のセットと、出身者の多い新潟県版の二種です。

当時は、知り合いにもお配りして、けっこう喜ばれました。手元に残った絵はがきを見ながら、また、チャレンジしてみようかなどと思っています。

（大・30）

富山方言の一期一会・一語一円

打ち合わせ会のために富山に行きました。帰るまでの数時間の余裕を「研究」にあてることにしました。街を歩き回って方言みやげ・方言グッズをあさり、交通標語などに方言が使われていないかを探し、観光パンフレットなどに方言が使われているかを確かめるのです。はたからみると、暇な観光客が資料を集めて写真を撮っているとしか、見えないでしょう。どうも崇高な学問とは見えないようです。

富山では、かけた時間の割に収穫がありました。これまで何度か来たことがありますが、以前はこれほど多くありませんでした。観光標語の「パノラマ キトキト 富山に来られ」はパンフレットなどあちこちで使われています。「キトキト」は魚などのいきいきした感じをいいます。「こられ」〔きなさい〕は敬語の「られる」を使った命令形で、時代劇で出そうな言い方ですが、富山ではよく使われます。スーパーのレジ袋節約のパンフレットでも「レジ袋いらんちゃ」のように「ちゃ」が使われていました。共通語の「よ」にあたることばです。いずれも地元では有名な、富山特有の言い方です。

圧巻は富山方言の番付表です【写真】。いくつかの目安で全国一になりそうです。駅前の観光案内所のボックスの窓に貼ってあるので、聞いたら、駅の中の売店で売っていると教えてくれました。百円。その後あちこちで見つけました。有料の方言みやげは色々ありますが、単価百円は安いです。それに、載っている単語の数が多くて、四百語以上。ということは一語あたりの単価は二十五銭程度です。

実は外国語の辞書の値段と載っている単語の数を比べると、「一語一円」が目安になります。英語・フランス語・ドイツ語などの辞書は一語一円以下です。しかしタイ語・ペルシャ語などの学習者の少ない言語だと、語数が少なくても辞典の値段が高いので、一語一円以上につきます。富山方言は、有力な外国語なみの経済性があるわけです。

もっとも現地に行かずに方言番付表を入手しようと思ったら、郵送料がかかります。折り目のつかない形で送ってもらおうと考えたら、一語一円以上につくでしょう。気づいたら、思い切って手に入れるに限ります。茶道でいう一《いち》期《ご》一《いち》会《え》は、人間についてですが、方言みやげでも一期一会の心構えが必要です。

（井・2）

【写真】

●——地域で愛されている 方言手ぬぐい

海のない長野県民にとって、新潟県の海岸は、海辺の遊び・食事を楽しめる格好の地。上越市を訪れ、例によっておみやげ品を物色していると……。ありました！ 方言グッズの元祖「方言手ぬぐい」が【写真】。この手ぬぐいの製作に関わられ、現在も販売を続けていらっしゃる小川祐右氏（小川呉服店／上越市南本町）にお話を伺いました。それによると、この手ぬぐいは、二十五年前に、高田東ロータリークラブ二十周年の記念引き出物として作られたのだそうです。「越後高田方言同友会」として、選者十名くらいで、数の多い言葉から順位を決めたとのこと。

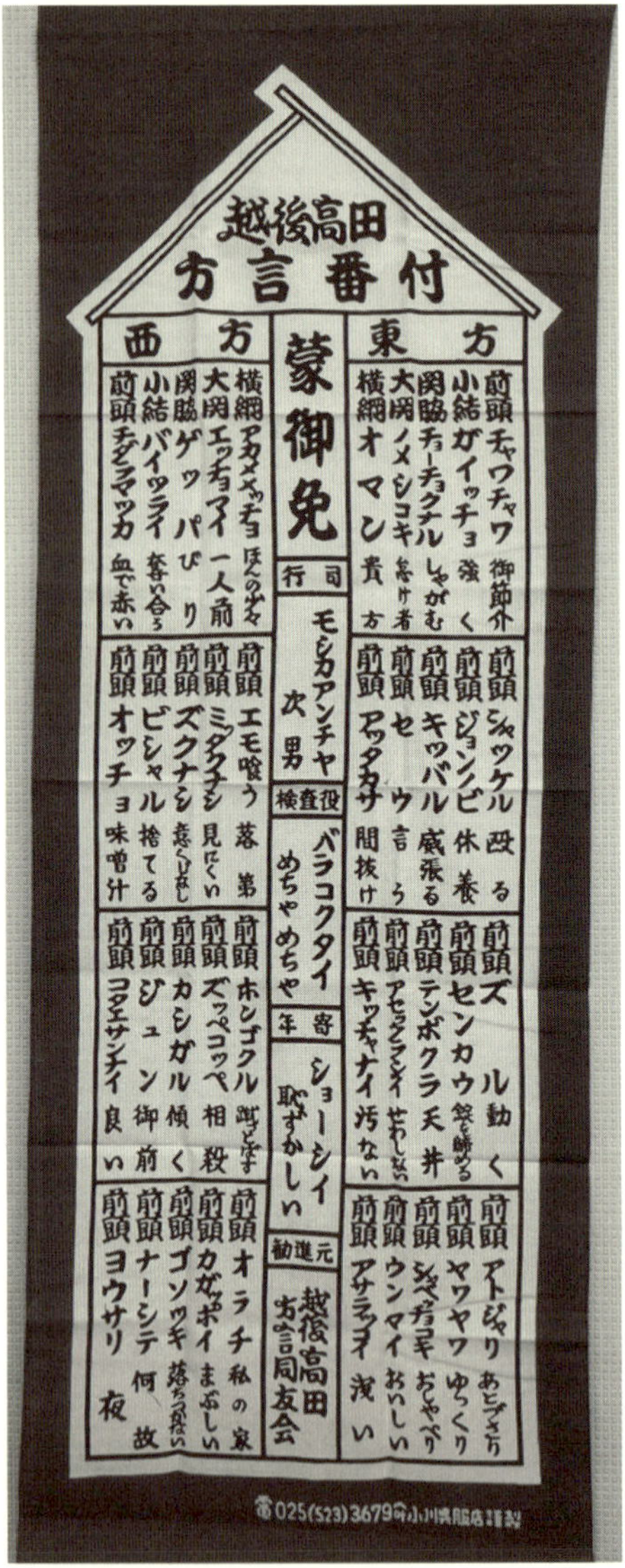

【写真】

残念ながら、現在は「越後高田方言同友会」の活動は行われていないそうですが、手ぬぐいの息は長く、法事の引き出物・同期会の手みやげとして求められているとのことでした。

山に囲まれた地域に住む信州人にとって、海はあこがれの行楽地。夏場を中心に長野ナンバー・松本ナンバーの車が上越地域を行き交います。

長野市を中心とする北信地方の方ならば、番付を見て「ああ、これなら知ってる」という語も、「オマン」「セウ」「ズル」「バラコクタイ」など、三分の一くらいあるのでは？

旅行者の立ち寄るセンターのおみやげとしては、方言グッズ愛好家にはもちろんのこと、広く信州人にも受けそうな気がします。

（大・70）

●――方言みやげの定番・方言手ぬぐい健在なり！

方言みやげの定番と言えば、かつては、のれん・手ぬぐい・絵はがき・湯呑みといったところでしたが、現在、こうした品々は、ちょっと見つけにくくなっています。

が、新潟駅の土産品コーナーで、方言手ぬぐい「特撰新潟弁」を見つけました！【写真】

製造は、なんとお隣り長野県の土産品製造の大手メーカー株式会社タカチホ。そこで、同社の方に、製造・販売にいたるいきさつをおたずねしてみました。

――信州弁ではなく、新潟弁が選ばれた理由は？

取引先である地元の染物屋さんからの発案です。他の地域で出されていた「方言」入りの商品が良く売れていることを知り、新潟でも作ってみたいというご要望にお応えしました。

――どのようにして新潟弁（二十語）を選んだのですか？

広い県域に配慮し、インターネット等でも検索しながら、代表的と思われるものを選びました。

――販売開始は、いつですか。また、売れ行きはいかがですか？

二〇〇三年四月です。ほかに、のれんも作りましたが、手ぬぐいのほうが、良く売れたので、今は手ぬぐいのみです。年間を通して安定した売れ行

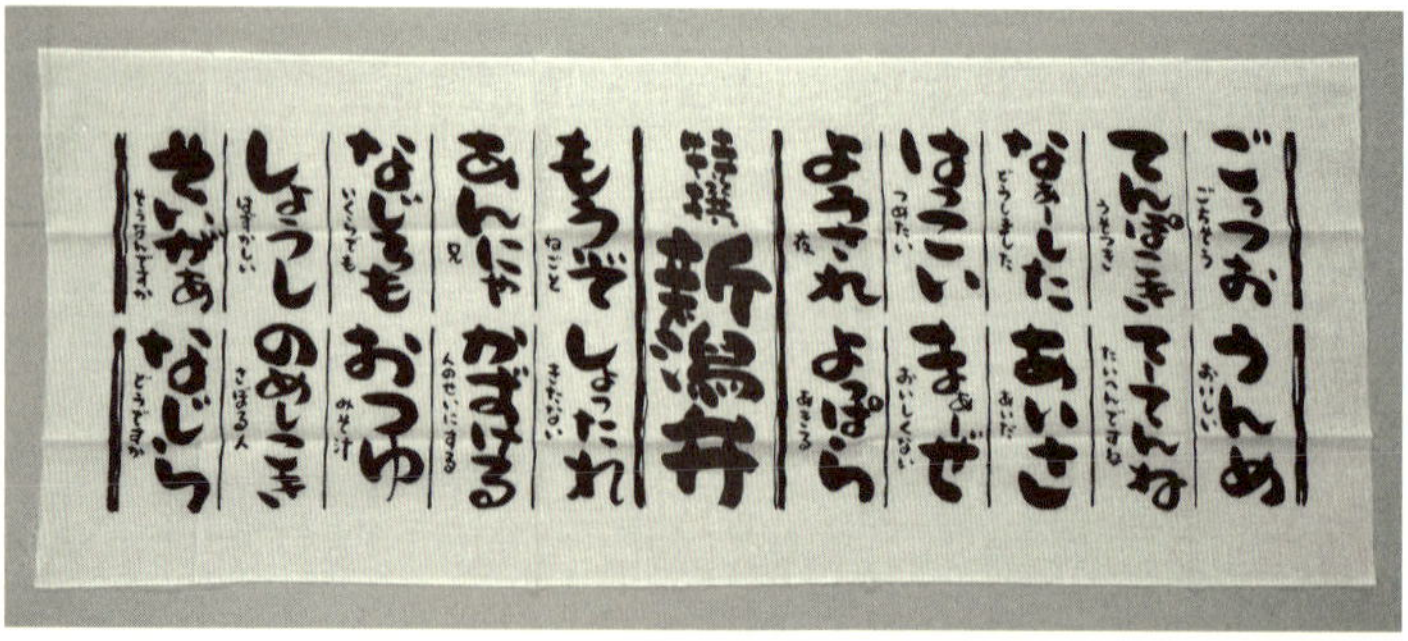

【写真】

きですが、帰省客の多い一月・五月・八月は、特に売れます。

とのことでした。

新潟出身の学生や同僚に見せたところ、「なつかしい！」とたいへん好評でした。また、方言手ぬぐいを見たことのない学生が多く、新鮮な印象を持ったようです。定番商品の威光は依然としてあるのでは。

（大・145）

恋をはぐくむ沖縄方言

沖縄県は方言の宝庫ですが、方言みやげの宝庫でもあって、他地方とは一味違ったものが見られます。

昔沖縄ファンの教え子がおみやげとして持ってきてくれたのは、ハンカチでした【W47-1】。まだ方言手ぬぐいが主流だった時期ですから新鮮でした。それに載せてあることばも興味深いものでした。順番に読むと、出会いのあいさつがあり、家族を表す単語と「結婚」や「こども」が並びます。沖縄を訪ねた人が、恋をして結婚を申し込み、子供ができるまでのことばを並べたとも受け取れます。

つまりは、「やまとぅんちゅ」〔大和人＝本土の人〕が沖縄に住み着くための実用単語集とも解釈できます。

さて、結婚してこどもが生まれ、成長して入学します。そこで役立つものも方言みやげになっています。

【写真】は五十音表です。小学校一年生の教室で使いそうな大きなポスターです。この表ではかな文字の使われることばが赤で示されていますが、大きなかな文字の右側の沖縄方言の言い方に、赤が見られないものがあります。

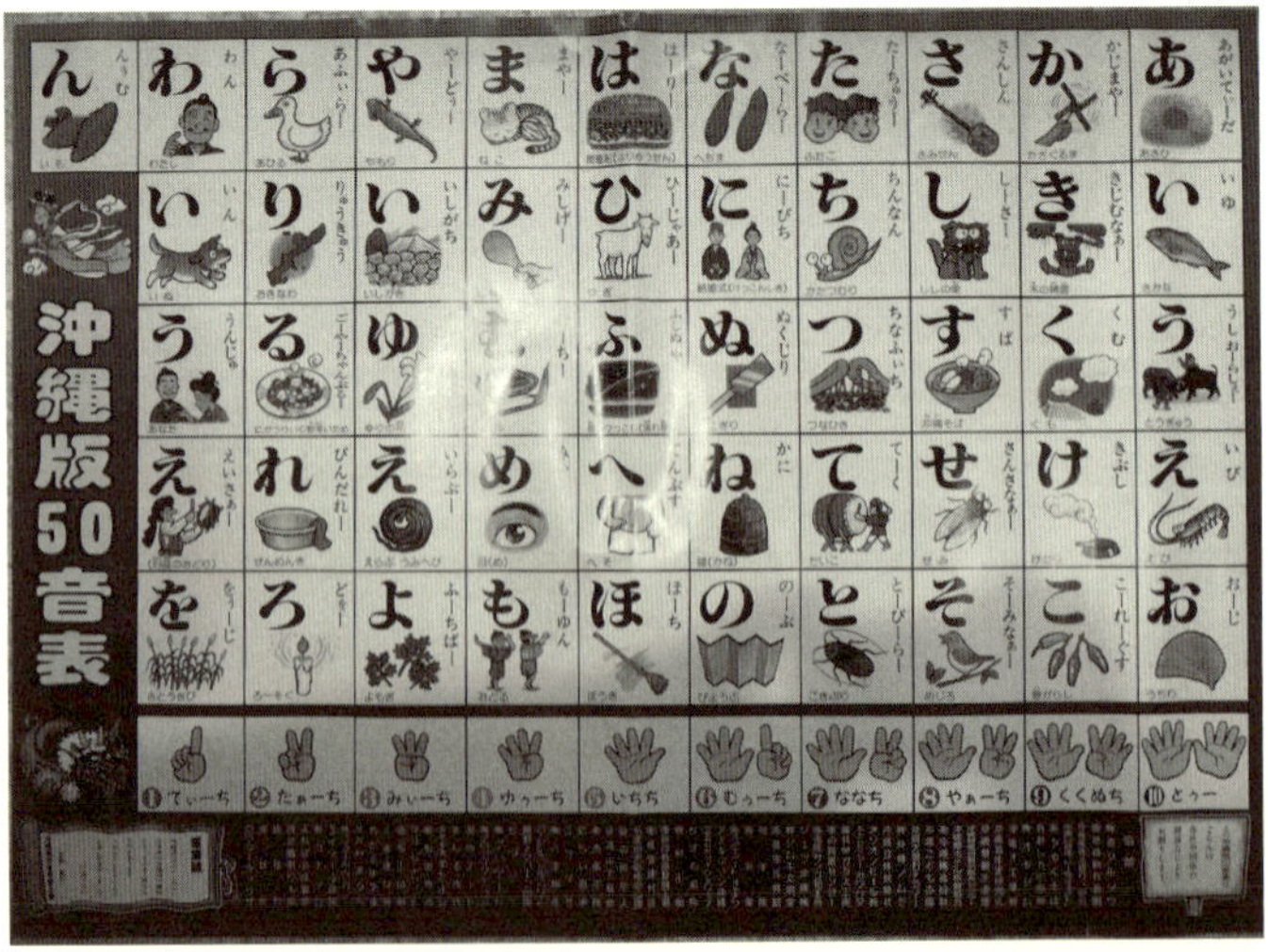

【写真】

エケセネヘメ、ヨロです。よく見ると、大きなかな文字の下の共通語訳の一部が赤になっています。どうしてなんでしょう。

実は沖縄の那覇市あたりの方言では、母音が基本的には三つに減りました。かつてオがウに、エがイになったのです。ですからオ段、エ段の使われる沖縄ことばを探すのはかなり厄介です。共通語訳でその発音が出るだけなのです。ここまで読み取れれば、もう沖縄人として大学生レベルです。

社会人として沖縄ことばの単語数を増やそうとしたら、辞書が必要です。これも方言みやげとして用意してあります。小さな沖縄方言辞書が付いているキーホルダーをもらったことがあります。方言豆本の小ささでは、日本一かもしれません。

沖縄の方言みやげには、こんなふうに、本土にはない発想のものがたくさんあります。二〇〇五年に沖縄に行った時に、那覇市内を回りました。方言みやげは、以前にくらべ増えていました。でも一部はもう見つからなくなっていました。方言みやげは短命なのです。目についたら買う（か記録にとる）ことが原則です。これまでに方言研究者の目にふれずに、記録されずに消えた方言みやげは、数多いでしょう。三省堂のサイト（47ページ参照）では、一部分だけでも公開しながら、記録しているのです。ここを読んだ方、何か情報があったらお知らせください。レアものかもしれませんよ。

（井・47）

●——方言Tシャツの使用価値——大阪と沖縄

大阪の方言みやげは近頃元気です。通天閣の近くなどには、方言みやげをたくさん並べた店があります。空港売店でも種類が増えました。しかも積極的に人に見せるための品が増えました。扇子は広げて使ったときに方言だと分かるので、商談のきっかけなどによさそうです【写真】。Tシャツも増えました。二〇〇五年には「しばいたろか」と書いたのを売っていて、実際に外国人観光客が着ていました。ちょっと怖い感じでした。二〇〇七年には、「好きやねん」「ごめんやす」「なんでやねん」などが並んでいました【W17-2】。こちらは親しめます。

【写真】

そういえば二〇〇五年に沖縄に行ったときも方言Tシャツを売っていました【W17-3】。「なんでかねー?」「だからよぅ…」「であるわけさ!」と書いてありました。会話のセットになっています。今の沖縄の若い人がよく使う表現で、しかも翻訳を付けなくても分かります。Tシャツで使われる方言には、読んで分かるという共通性があります。

ふと気づきました。Tシャツは日常着るものです。その人はなかば公共の場で方言の宣伝をしていることになります。昔の方言みやげの定番、方言絵はがきは、実用に供したとしても、ほんの数人の目にふれるだけでした。方言手ぬぐいや方言のれんも、家の中に飾るのだと、家族とお客さんが目にするだけです。私的な空間で楽しむ方言でした。

さて、モノが高いか安いかの判断には、「使用価値」が働くことがあります。何万円もするとしても、よく使うものなら安くつくという発想です。その流儀でいうと、Tシャツは一語（またはワンセンテンス）で千円前後ですから一語あたりは高いんですが、街歩きなどで実用に供した時に、目にする人の数は多いでしょう。一語あたりの読者数（？）は、方言のれんなどよりも多い計算になります。

しかも方言Tシャツは、着ている人のイメージをかもし出すことができます。仲よくなれる人も多くなるかもしれません。並みのTシャツより楽しみが大きく、効用が大きい、ということは、使用価値が大きいわけです。

方言Tシャツは、方言が公的な空間で堂々と陳列されることを意味します。そんな目的に方言が使われるようになったわけですから、方言の社会的な位置づけが違ったことになります。方言の価値が上昇したことがそのまま方言一語あたりの値段の上昇に反映したことになります。

ただしコレクションとして貯めこむだけの人には、Tシャツは高くつきます。そもそも物を収集することは、使用価値と関係のない行為なのです。

と考えたところで、売場の別の品に目が行きました。トランクスで、Tシャツと違って公共の場で見せる商品ではありません。しかし「めっちゃ好きやねん」と書いてあります【W17-4】。まあ世の中には、ズボンを脱いだときにこの表現が相手の目に入って、効果的な場面もあるんでしょう。まさに一発勝負の面白さ。それなりに使用価値が大きいのです。商都大阪の方言みやげは奥が深い！　言語経済学の論理が貫徹するのです。でもあまりフカーク考えないでください。

なお大阪方言の別の扇子の写真が、次の本に載っています。
井上史雄『変わる方言　動く標準語』（ちくま新書、二〇〇七）

（井・17）

方言Tシャツ

ありそうでなかった、信州方言をあしらったTシャツ（スピードファクトリーツイスター［下諏訪町］製）を見つけました【写真1】。

取り上げられている方言（参考までに、共通語訳をつけておきます）は、

ごしてぇ〔疲れた だるい〕

しゃらごしてぇ〔疲れるだけで益がない〕

なから〔だいたい おおよそ ほぼ〕

だもんで…。〔それですから。〕

ごたっ小僧〔ひどいいたずらに手の負えない子供〕

いただきました〔ごちそうさまでした〕

まえで〔前の方 前面〕

飛んできます〔走っていきます〕

「ずく」有ります〔ずく＝やる気 活力 根気〕

などの語があります。色も、ホワイト・ブラック・オレンジ・ライムグリーンの四色から選べます。

信州らしい方言（ずく・まえで）はもとより、メーカーのある諏訪特有の語（しゃらごしてぇ・ごたっ小僧）に加え、気づかれにくい方言（共通語と形は同じだが、意味・用法の違うもの：いただきました・飛ぶ）が選ばれているのが心にくいところです。

メーカーのお話では、沖縄など他県には方言Tシャツがあるのに、地元にはないことから、遊び半分で作って仲間うちに見せたところ大ウケしたので、製品化したとのこと。方言については、一目見てわかり、かつ思

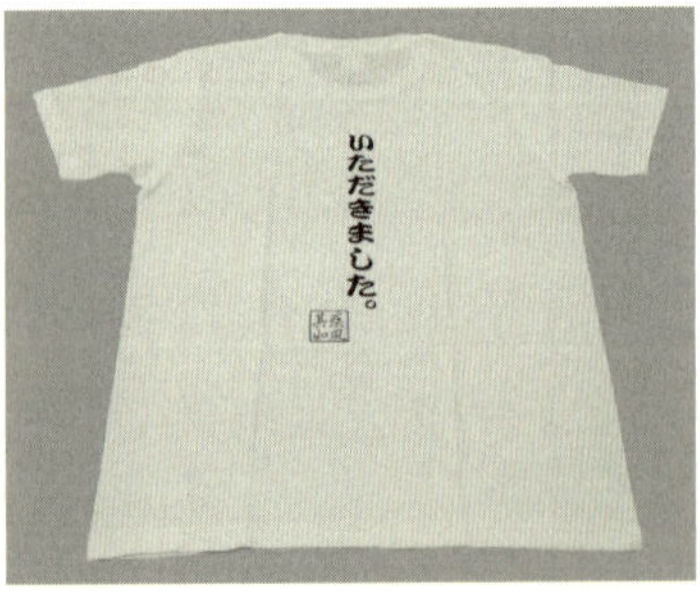

【写真1】

わず笑ってしまうようなコトバを選び、隠語的な意味を含むものは避けたそうです。

各種のイベント等にも出店、先日の御柱祭でも大変な好評だったそうで、地元の「ごたっ小僧」の写真を提供していただきました【写真2】。

（大・115）

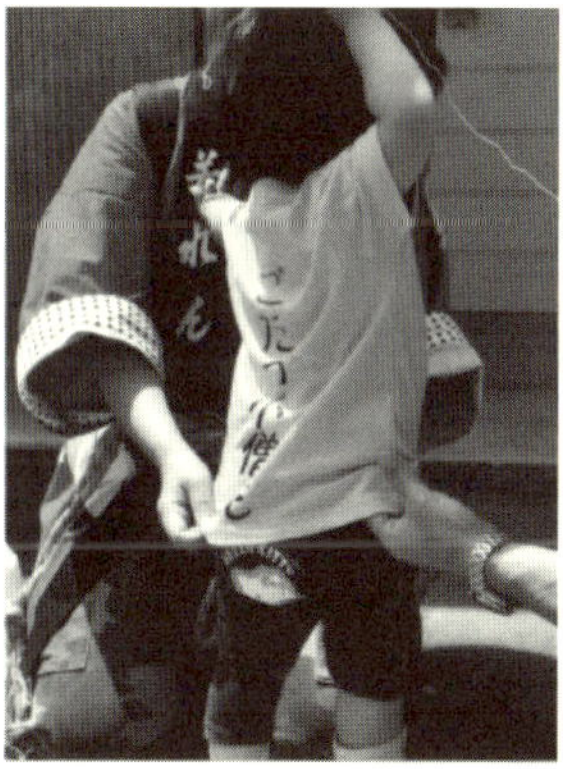

【写真2】

《謝辞》写真はスピードファクトリーツイスター様よりご提供いただきました。ここに記しまして感謝の意を表します。

方言かるた、あれこれ

かつて、子供たちの冬場の遊びといえば、外では凧揚げやコマ回し、羽根突きや毬《まり》突き、室内では剣玉、お手玉、綾とり、福笑い、すごろくなどが代表的なものだったでしょうか。しかし近年は、テレビゲームや電子ゲームなどが登場し、音声付き、映像付きで、画面が多様に変化して子供たちの興味を強く引き付け、それに主役の座を奪われてしまったようで、かつての伝統的な子供の遊びは影が薄くなったように思われます。

ところが、そんな中にあって、最近、「かるた」に注目が集まっているとのこと。しかも全国各地で、地元の素材や話題を織り込んだ「郷土かるた」「ふるさとかるた」と呼ばれるものが続々と作られているといいます。

「日本郷土かるた研究会」（会長・山口幸男、群馬大学教育学部教授〔社会科教育〕）のウェブページによると、全国で五百もの「郷土かるた」があると書かれていますが、その後の調査によると、わかっただけでも何と千五百にも上っているということです。

その中には、地元の「方言」を活かした「方言かるた」もあります【写真】。

【写真】

いま私の手元にあるものだけでも、北から南に……『北海道方言かるた』（北海道）、『津軽弁かるた』（青森県）、『仙台弁かるた』（宮城県）、『とちぎご当地方言かるた』（栃木県）、『心のふるさと新潟弁かるた』（新潟県）、

『甲州弁かるた』（山梨県）、『方言歌留多 名古屋言葉合せ』（愛知県）、『石川さんの金沢弁かるた』（石川県）、『京ことばかるた』（京都府）、『播州弁かるた』（兵庫県）、『土佐弁かるた』（1）（2）（高知県）、『博多弁かるた』（福岡県）、『八女《やめ》市方言かるた』（福岡県）、『諸県《もろかた》方言かるた』（宮崎県）、などがあります。

インターネットで「方言かるた」というキーワードで検索すると、『おらほの言葉盛岡弁カルタ』（岩手県）、『稲城方言カルタ』（東京都）、『浅羽の方言かるた』（静岡県）、『備後弁かるた』（岡山県）、『出雲弁だんだんかるた』（島根県）、『熊本弁かるた』（熊本県）、『与論の方言かるた』（鹿児島県）、等々、さらにたくさんの「方言かるた」がヒットし、全国各地で作られていることがわかります。

祖父母・両親・子供の三世代でいっしょにかるた取りをすると、札の中にわからないことばがあった場合には、子供が両親やおじいちゃん・おばあちゃんに「これ、どういう意味？」と聞くことも可能で、いわば文字どおり〝遊びながら〟方言や地元の事柄について学ぶこともできるわけで、おのずと異世代間の交流も進み、一石何鳥もの効果が期待できるというわけです。

近年、その教育的な効果が、再認識・再評価されているようです。

最近では、読み札を土地のお年寄りや地元出身のタレント、アナウンサーなどが読んでCDにしたものも出てきました。CDプレーヤーでランダム再生にすれば、少人数のときにも楽しく遊べます。少子化の時代ですから、かるたを取ろうにも、もし子供たちが三人しかいなかった場合、一人が読み手に回ると、取れるのは二人だけになってしまいます。が、CDが読みあげてくれれば三人全員で楽しく遊べます。なるほど、時代に合った方式といえそうです。

ただ、先の山口幸男教授によると、「郷土かるた」は作るところまでは多くの地域が努力するが、その後の普及、活用、定着が最も大きな課題になっているとのことです。その点、こういったかるたの元祖ともいうべき『上毛かるた』（群馬県、一九四七年）は、地区大会、郡市大会、そして県大会と、非常にしっかりしたシステムができ上がっており、さすがは長い伝統を誇るだけに蓄積と重みがあります。

（日・33）

《参考》

①「日本郷土かるた研究会」のウェブページ（http://www14.plala.or.jp/hpmsmiki/）には「かるたの歴史」や、都道府県別の「全国郷土かるたランキング」その他の情報が掲載されています。

②「郷土かるた館」のウェブページ（http://homepage2.nifty.com/taki-forest/karuta/karuta.html）は、全国の都道府県別の「郷土かるた」が検索できるようになっています。

③また、CD付きかるたを多数制作している会社のウェブページ「オシャベリカルタ」（http://www.かるた.jp/about_oshaberikaruta.php）には、各地のCD付きの方言かるたが紹介されています。

●——方言かるた、おまけ

128～129ページの落穂ひろいにチャレンジしてみることにします。さらに以下の二点を入手することができました。

①『出雲弁だんだんかるた』監修／藤岡大拙（出雲弁保存会会長） 制作・販売／山陰中央新報社（松江市）

＊出雲弁で読み上げるCD付き

「い」 出雲弁 使って ごしなって だんだん だんだん〔出雲弁を使ってもらって、ありがとう〕

②『鹿児島ことば あそびうた かるた』作／植村紀子 画／原田美夏 発行／南方新社（鹿児島市）

「い」 いっだまし〔精魂〕入れ覚える「魂」という字

また、次の二点も、方言かるたではありますが、商業ベースに乗らないところから作成されたもので、その過程がユニークなものです。

①『安曇野《あずみの》方言カルタ』制作／池田町囲炉裏端愛好会 発行人／「安曇野方言カルタ」制作委員会事務局（長野県北安曇郡池田町）【写真】

「い」 いいどこじゃねえ あがっとくれや おしげなく〔もちろんいいですとも。召し上がってください（部屋の中へ入ってください）。遠慮することなく〕

発行人のお一人である牛越敏夫氏の主宰する池田町囲炉裏端愛好会のメンバーが、地域コミュニティの崩壊を憂い、カルタ取りを通して地域住民の融和が図られることを企図して制作。牛越氏によると、増刷を二回おこない、大変な好評をもって迎えられたとのことです。

【写真】

②『見附弁いろはかるた』グリーン・ホームふたば（新潟県見附市）

「い」　いらんかねー、いらんかのー　リヤカーひいて野菜売り

こちらは、福祉現場で生まれたもの。お年寄りとの生きた会話の中から発想され、制作も完全手作り。構想段階から、ケアーする方々ともども活気づいたとの由。

『上毛かるた』の規模には、及ばないものの、それぞれの地域で活用されている事例が生まれているのは、心強い限りです。

（大・35）

魚沼方言かるた

魚沼市文化協会は、二〇〇九年、設立十周年記念として、「魚沼方言かるた」の作製を企画。市民から応募のあった二千八百十八句から四十五句を選び、同地方の風土や方言をあしらった札がそろいました【写真1・2】。

「あ」　足半〔あしなか＝わらぞうりの一種〕と　ふうこうかぶり〔頬かぶり〕で　盆踊り

「ん」　んまげだの〔おいしそうだのう〕　炊きたてまんま　コシヒカリ

取り札の表は、画家・田中博之さん（魚沼市特使）の絵、その裏には、句と解説が付いています。

また、読み句のCDに、さらにもう一枚「魚沼の昔ばなし」のCDが付き、「狐火事」（堀之内）、「まぼろしの鮭」（小出）ほか計六話が収められています。読み手・語りとも、魚沼昔ばなしの会の皆さんが担当。方言を中心に、魚沼地域の民俗文化の継承を願う気持ちが伝わってきます。

（大・105）

【写真1】

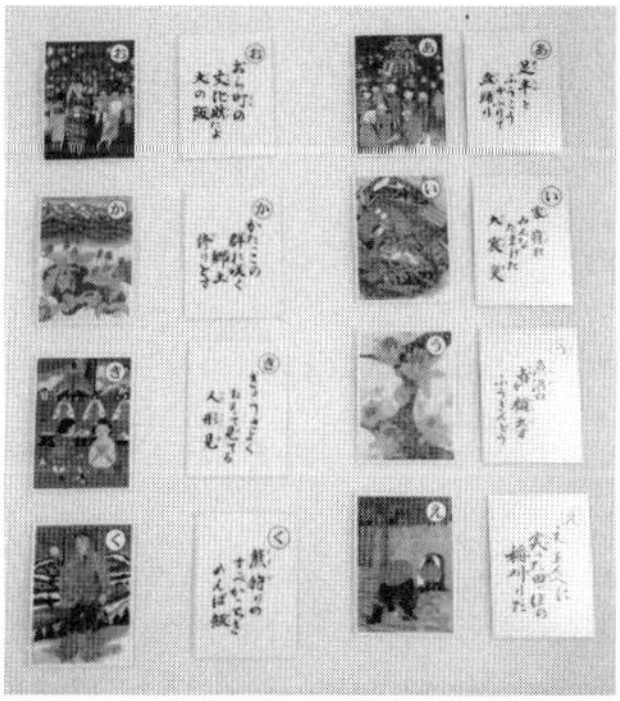

【写真2】

第二章

方言グッズの広がり

福岡の「はやかけん」「SUGOCA」

福岡市を走る地下鉄で新しくスタートするカードについて、面白い掲示を見ました。

二〇〇九年三月七日から新しく便利なカードがお目見えするという、その名は「はやかけん」。

駅構内にはポスター【写真】や、地元ソフトバンクホークスの和田毅投手を起用した立看板【W38-2】が、また、地下鉄の車内にも吊り広告があり、駅の事務室には「『はやかけん』はやわかりガイド」というパンフレットが置かれていて、会社（福岡市交通局）の力の入れようが伝わってきます。

「はやか」はもちろん〈早い〉という意味の九州中北部の方言ですし、「けん」はチケットやカードを意味する〈券〉なのですが、実はもう一つの意味がかけてあります。

「は・や・か」は「早くて、優しくて、快適な」券（カード）の頭文字をつないだものでもあり、「けん」は〈〜だから〉という理由を表すこの地域の方言です。つまり、このカードを利用すれば、〈早くて、利用者や環境に優しくて、快適な活用ができますから（ぜひご利用ください）〉というメッセージが込められたネーミングです。

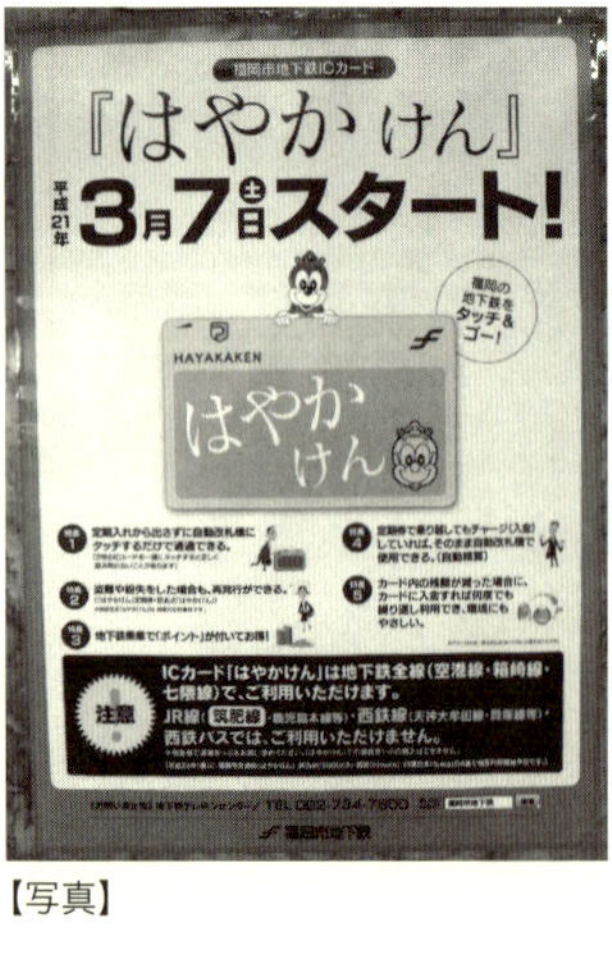

【写真】

なお、「はやかけん」は取りようによっては「早駆けん」〔早く走ろう〕と読めないこともありません。

もうひとつ、これよりちょっとだけ早く、三月一日には「SUGOCA」というカードもスタートしました。同じく福岡県で利用可能で、こちらはJR九州が始めたものです【口絵写真⑲】。

そのウェブページによると、「Smart Urban Going Card」の略称だということですが、もちろん〔すごい！〕という意味のこの地域の方言の形容詞「すごか」にかけてあります。「ICカード導入に対する機能的メリットや新サービス開始へのインパクトを、九州地方で使われる方言で表現しています。また、親しみやすさを抱いてもらうと同時に、街中を賢く、スムーズに行き来できるという意味も込めています」と説明されています。

またこれをPRする蛙と時計のキャラクターも登場し、「お客さまに新しいICカードサービスの親しみやすさ、軽快感をイメージしていただけるよう、人気デザイナーのロドニー・A・グリーンブラットがデザインした、『カエルと時計』のキャラクターを採用しました。あわせて、列車の乗車スタイルを『変える』、駅等の店舗でも『買える』、列車で『帰る』という機能や、鉄道の持つ『定時性』も表現しています」という説明文も……。こちらもすごい力の入れようであることがわかります。

これらよりも導入が早かったのが「よかネットカード」で、西鉄電車（天神大牟田《おおむた》線）・西鉄バス・福岡市営地下鉄で共通に利用できるプリペイドカードです。「よか」はもちろん〔良い〕という意味の方言ですが、「よかネット」からは〔いいねぇ〕という響きも感じられます。


（日・38）

●上越弁　高田言葉のCD

『おまんた　えますぐ使える　えっちょまえの上越弁』と題するCD（二枚組）が作られました【写真】。

子供のころから慣れ親しんできた上越市高田地区の言葉が、だんだん使われなくなっていくことに寂しさを感じていた有沢栄一さんの企画によるもので、次のような構成になっています。

上越弁　高田言葉　その壱　やわやわ生活篇

1．朝　今日も始まる幸せな一日
2．兄弟姉妹の呼び方
3．生きいきした動詞
4．これであなたも聞き上手　高田言葉の簡単な挨拶
5．酒場にて「おまん、きないや」
6．「そ」だけで成り立つ相槌
7．酒場にて「どっさんがん飲んだ」
8．あくたもくた（罵詈雑言）その1
9．酒場にて「ああえっぱい食った」
10．えちゃぽんさげた！

上越弁　高田言葉　その弐　高田の四季篇

1．お正月
2．運動会　血だらまっか
3．生きいきした動作表現

【写真】

4. 高田言葉訳　吾輩は猫である
5. あくたもくた（罵詈雑言）その2
6. 朝市
7. 「なぐるぞ、蹴るぞ、くすぐるぞ」高田言葉　喧嘩の仲裁　兄貴の花道
8. 高田ならではのオノマトペ
9. 高田言葉訳　日本国憲法前文　後段より
10. 春夏秋冬　高田の四季
11. えちゃぽんさげた！

子供の教育に役立ててもらおうとの思いも込められているためか、ナレーションは、落ち着いた声で、語学講座のようにプログラムを進めていきます。

それぞれ、四十分ほどの内容ですが、「おまんた」〈「あなた」の敬称〉、「ばらこくたい」〈めちゃくちゃ〉、「じょんのびする」〈のんびりする〉など、高田言葉特有の語が取り上げられる一方、「えますぐ」〈いますぐ〉、「えっちょまえ」〈いっちょうまえ・一人前〉のような、「い」と「え」の交替についても織り込まれ、CDならではの生き生きとした会話が展開されています。

また、高田言葉訳の『吾輩は猫である』や『日本国憲法　前文』もあり、方言で語られると、深みや説得力が増すようにも感じられます。

『おまんた　えますぐ使える　えっちょまえの上越弁』の脚本・演出など、全般にわたって関わられた滝沢いっせいさんにお話を伺ってみました。

――脚本の場面は、どのように選ばれましたか？

「ややわ生活篇」は、ひと組の家族や井戸端会議の奥様方を軸に、日常生活のなかで、どのように高田言葉が使われるかを主眼に構成しています。非日常的なシーンよりも、聴く方だれもが、「自分ならこうしゃべるところだ」「共通語ならこう話す」と想像できる、ごくありきたりな日常の方が、高田言葉の特徴をつかみやすいと考えたのです。

シーンは、全くの想像で書きました。が、川に落ちた人の話などは実話です。

「高田の四季篇」は、高田在住者なら誰でも知っている市民歌「高田の四季」からタイトルだけをもらいました。憲法前文は、いろんなお国ことばで言ってみると……という運動が全国でなされており、それに乗っかって行なってみました。

――録音で苦労されたことはありますか？

高田言葉の部分は、地元の読み語りの会のメンバー、地元のアマチュア劇団の座長さんらにお願いしました。六十代のご婦人方は、案に相違して、高田言葉をあまり話せなかったので苦労しました。高校生の若者たちも全く話せませんでした。監修者にもなった有沢栄一さんを主とした指導によって、なんとか形にできたというところです。

――CDを購入された方の反応はいかがですか？

概ね好評のようです。「もっと簡単なものかと思ったら、ちゃんとしていて驚いた」などの声を聞いています。また、故郷を離れて首都圏等にいらっしゃる方々からは、「郵送前から待ち焦がれていた」「聞いて涙が出た」「父母や祖父母を思い出した」といった声を寄せていただいています。

――上越市内の全小中学校に寄贈されたとのことですが、反響はいかがですか？

直接のリサーチはしておりません。残念ながら、あまり活用されていないかも……と感じています。

——直江津《なおえつ》言葉の製作も計画されているとのことですが……。

資金のめどが立ちませんが、関西に近い糸魚川《いといがわ》言葉にも、興味を持っています。

追加情報ですが、二〇一一年度中に、「越後弁サミット」を開こうと、有沢さんとともに計画しています。各地からネイティブスピーカーを集め、寸劇あり、お国自慢ありの楽しいものにしたいと考えています。

地域の言葉の過去と現在、そして未来を見つめた企画だということがわかります。こうした動きが各地に広まると楽しいですね。

（大・165）

《参考》「越後サミット」は二〇一一年一一月十三日、上越市で開かれました。村上、新発田、新潟、出雲崎、高田、糸魚川の新潟県内六地域の代表が一堂に会し、お国言葉自慢を語り合いました。

●――上越の方言ソング

『麦畑』（オヨネーズ一九八九）、『小麦ちゃん』（オヨネーズ一九九〇）によって、「方言ソング（方言を体系全体として忠実に写したタイプの歌）」は、一般になじみのあるものとなりました。各地の方言による愛の告白CDも作られていますが、これもその流れにあるものと言えるでしょう。

ここでご紹介する『だすけ、せったねかね』【写真】は、まさに「方言ソング」の王道を行くものです。作詞・作曲は、宮尾俊行さん（新潟県上越市中郷区）。編曲は中島昭二さん）。雪国の生活風景を上越地域の方言と特徴あるメロディーで表現。リフレインされる曲名の「だすけ、せったねかね」（だから言ったじゃないですか）は、耳に残ります。

なお、CDの吹き込みも、宮尾俊行さんが担当。ネイティブの発音が堪能できます。

　だすけ、せったねかね

（セリフ）

おらやだわー

どーしんだろー

せーつないわー

一

＊だすけ、せったねかね　せったねかね

えっせだせって　せったねかね

見てみないや　えっせな雪だろね

たまげなったかね　なあ、父ちゃん

【写真】

家族総出で　雪掘りしんきゃ
女のオラも　尾根上がるかね
（＊印　くりかえし）
歌詞カードに共通語訳がないので、補っておくと「えっせ」〔すごい〕となります。二番以降にも「へんね」〔昼寝〕、「しんのい」〔しんどい〕、「ごっつぉ」〔御馳走〕、「しょーしっくらしー」〔きまりが悪い〕など、上越地域のことばがいくつも出てきます。
雪かきではなく、「雪掘り」という表現が、いかにも豪雪地帯を感じさせる表現ですね。
（大・100）

方言翻訳の妙味と効果

有名な文学作品などを、もし自分にお馴染みの「方言」で読んだり聞いたりすることができたとしたら、どんな気分になるでしょうか？　近代文学の作品はもちろん、古典文学、漢詩、さらにはお経、聖書などが、各地の方言に訳されて本になったり、中にはCD付きで刊行されたりしています【写真】。

漱石の『我輩は猫である』の冒頭を沖縄方言に訳すと、次のようになるといいます。宜志政信訳『吾んねー猫どぅやる』（新報出版、二〇〇一年）によると……

吾《わ》んねー猫《まやー》どぅやる。
名前《のー》じぇーなーだ無《ねー》らん。
何処《まーん》じが生まりたらむさっとぅ分からん。

だそうですが、読みながら、思わず「さっぱり分からん」とつぶやきたくなりました。

「百人一首」の有名な歌も、宮崎の方言に訳すと、こうなります。佐伯恵達『宮崎方言版 小倉百人一首』（鉱脈社、一九九四年）では……

田子ん浦かり　ながめちみッと　まっしるぅ　富士の
ちョッぺんにャ　雪《ゆっ》かふっちョる

芭蕉の『奥の細道』の冒頭を山形県の「尾花沢弁」に翻訳すると……。上川謙市編『思いっきり山形 んだんだ弁！ おぐのほそ道《みづ》』（彩流社、二〇〇八年）の冒頭部分「月日は百

【写真】

代の過客にして、行きかふ年もまた旅人なり」は、
　何《ない》だがよぉ、考えでみっどな、月日《つぎし》なの俺達《おらだ》が生まっで来るしょっでんがら、ずーっと旅すてるみでぇなもんだなゃ。

漢詩も『関西弁で愉しむ漢詩』（桃白歩実、寺子屋新書、子どもの未来社、二〇〇五年）によると、有名な陶淵明の「帰りなんいざ……」の「帰去来辞」の冒頭は……

　さぁ帰ろ
　さぁ　帰ろか〜　イナカの田畑は荒れ放題や
　これは帰らなアカンやろ　心が自由ちゃう世界で
　何をウダウダせなアカンねん　……

となって、飾らない本音が、しっかり伝わってきます。

お経も、「阿弥陀経」を名古屋弁に訳した、舟橋武志編『名古屋弁訳 仏説阿弥陀経』（ブックショップ マイタウン、一九八五年）では……

　仏説阿弥陀経　　お釈迦さまが説かれた《しきゃーた》阿弥陀経
　如是我聞　　私《わし》（阿難）はよー、次のよーに聞いとるがね。
　一時仏在舎衛國　　あるときよー、お釈迦さまが在舎衛國の、
　祇樹給孤獨園　　祇園精舎とゆーとこにおりゃーたときによー、
　與大比丘衆　　沢山《ぎょーさん》のお弟子さんたちと一緒だったわなも。

何だか、近所の人からお釈迦様の噂話を聞いているような気分になります。

『聖書』を大阪弁に訳すと、こうなるそうです。『コテコテ大阪弁訳「聖書」』（ナニワ太郎&大阪弁訳聖書推

進委員会、データハウス刊、二〇〇〇年十一月。愛蔵版は二〇〇四年三月）の「第1章　イエス・キリストはんが生まれはりましたで〜の巻」では……

イエス・キリストはんの誕生の次第は次のようやった。

母マリアはんは、ヨセフはんと婚約しとったけど、二人がいっしょにならはる前に、精霊はんによって身ごもってはることがわかったんや。

これまた、事情に詳しい人からじかに話を聞くような印象があります。

こうやって見てくると、とかく堅苦しい印象を持たれがちな原作品が、その方言を日頃使っている人たちにすると、非常にわかりやすく、かつきわめて身近な響きで迫ってきて、「な〜んだ、そうか〜ぁ。そういうことだったのかぁ」と、改めてそのもののもつ意味あいをより深く理解できることになります。

その効果のほどは、つまり、「方言」という卑近なフィルターを通すことによって、それまで遠くにあると思っていたものを強力に身近に引き寄せ、〝神秘のベール〟をはがして、いわば自分と〝等身大の存在〟としてしっかり眺めなおすことができるようになる、といったらいいでしょうか（もちろん翻訳者の技量にも負うところが大ですが……）。

これまでにも、各地の方言を比較・対照する目的で、昔話の「桃太郎」や、夏目漱石の『坊ちゃん』など、読者にすでにお馴染みのストーリーを、全国の方言に訳して対比したものが方言概説書などによく載せられていましたが、今後も、こういった試みは多様な作品を素材にして、各地で続くのではないかと思われます。

（日・48）

●――お隣さんの方言の流入――「じょんのび」を例に

長野市内に、「じょんのび」（新潟方言で〔気分ののんびりゆったりしたさまや、ゆったりした気分〕の意）という名前の居酒屋さんがあります。【写真1・2】

新潟県上越出身のご主人が営むお店は、明るい雰囲気で、おいしい肴と新潟の地酒をいただくことができます。のんびりとくつろげる店内は、まさに「じょんのび」の名にふさわしいものです。しめの「長岡ラーメン」も、新潟の気分を盛り上げてくれます。

ところで、信州になぜ新潟の方言が？と思われるかもしれません。が、もともと上越地域と交流の深い長野県の北部（北信地方）では、新潟とほぼ同じように「じょんのび」を使う地域（とくに飯山以北）もあり、なじみやすい表現でもあるのです。

二〇〇四年には、JR飯山線（長野市内と新潟県の越後川口を結ぶ）を、「快速飯山線じょんのび風っ子号」が走りました（長野駅〜十日町駅間）。また、現在はなくなってしまいましたが、飯山市内で「じょんのび祭り」という市民祭が行われていたこともありました。

全国の方言が通覧できる『方言と地図』（井上史雄監修、フレーベル館、二〇〇九年）は、「おもわず声に出したくなる47都道府県のじまんの方言」がキャッチフレーズですが、長野県のページに「じょんのびだ」〔楽だ〕、新潟県のページにも「じょんのびしてくんないかい」〔ゆっくりしてくださいね〕が取り上げられています。

【写真1】

【写真2】

ここで、「じょんのび」の本家・新潟県内に目を向けてみると、事業所にその名を冠する所が数か所見つかります（ハローページより）。

新潟市　じょんのび館……食堂の経営
柏崎市　じょんのび村協会……温泉施設の経営
糸魚川市　じょんのび……グループホームなどの名

そういえばかつて、九〇年代にはやった大手メーカーによる、いわゆる「ご当地」ビールでも、新潟県限定ビールは、「じょんのび」（キリン）の名で売られていました。また、長岡出身の女優星野知子さんが、地元紙の新潟日報に連載されたエッセイも「じょんのび」を冠したものでしたね。

お隣さんの方言の流入では、松本市に「やっとかめ」（名古屋方言で〔お久しぶり〕の意）という居酒屋さんがあり、北信の「じょんのび」と好一対です。

ところで、長野県外に「出ていった」方言には、どんな語があるのだろうか、という興味がわいてきます。

（「年齢確認の必要な」例が多く、失礼をいたしました）

（大・45）

●——「日本国憲法」の方言翻訳本

142〜144ページの、有名作品の「方言翻訳本」に続いて、今回は日本国憲法を各地の方言に翻訳した例を見てみましょう。

刊行されているのは「日本国憲法」の「前文」や、戦争の放棄を謳った第九条に関するもので、いずれもCD付きで出ています。

①『おくにことばで憲法を』（青森、岩手、愛知、京都、大阪、広島、福岡、長崎、沖縄の方言で。大原穣子、新日本出版社、二〇〇四年四月）、②『方言で読む日本国憲法』（大阪弁・広島弁で。大原穣子、五月書房、二〇〇四年四月）、③『全国お郷《くに》ことば・憲法9条』（四十七都道府県の方言で。坂井泉、合同出版、二〇〇四年五月）などがあり、それぞれ各地の方言に訳されています。

②『方言で読む日本国憲法』によると、「前文」の広島弁訳は、こうなるとのことです。

わたしらあ日本国民は、選挙の時に汚なあこたあしません。候補者の話される政策をよう聞いて、自分の頭で考え、自分の意見をしっかりもって、自分のして欲しいと願うとることを、実現させてくれる候補者に一票を投じます。ほいで、その議員さんらが、わたしらのいうことをよう聞いて、国会でああでもなあこうでもなあと議論して決めんさった事で毎日暮らしていくん。……

①『おくにことばで憲法を』の、第九条の青森（津軽）方言訳は……

ワダシダチ、日本の国民《こぐみん》、オジサ、オバサ、オドサマ、オガサマ、アンサマ、アネサマ、ワラシコ、オボコ、皆して正義ゴト大切《だいじ》にして、アンヅマシグ暮らすにいい世の中ごとつくりてど、心底、願っていすてす。

その為に戦争ごとさね、みっつの約束《やくそぐ》、決めすてす。……

③『全国お郷《くに》ことば・憲法9条』の、長崎（西彼杵《にしそのぎ》郡）方言訳の場合だと、こうなるそうです。

　オイだち日本国民はさ、だいっちゃ〔だれでも〕、まともか考えば持っとんモンばっかいおっけんさ、世の中んヒチャガチャしてずんだるっことののーして〔だらしないことのない〕、安心して住まるっ世界がなんちゅうたっちゃよかさて思うとっとって。そいけん、国と国のすったもんだして「いっちょんすかん〔大嫌い〕」って言いおうたっちゃさ、そこにまたしゃっちが〔わざわざ〕出て行ってさ、持っとる武器ばつこうて相手ばくらして、黙らすっごたっことは絶対せんことに決めたっさな。……

【写真】

　これらも、142~144ページ同様に、ふだんなかなかじっくりと読んでみることのない、日本国憲法に盛り込まれた理念や理想に、非常に身近な「方言」というフィルターを通して迫り、改めて見つめなおすという作業をした結果です。

　ただ、原文である日本国憲法は、当然のことですが「書きことば」によって書かれていますが、それを本来「話しことば」である「方言」に置き換えてみようというわけですから、きっと様々な困難を伴ったことだろうと思われます。

（日・53）

方言付きの食品

この次の151～152ページで、「日用品の方言グッズ」つまり「みやげ」でない「方言グッズ」（ティッシュとトイレットペーパー）を紹介します。こちらでは、その親戚のような商品を紹介します。

それは、方言が付けられた食品です。みやげではない、日常の食卓に上がるもので、いくつもあります。今回は三点紹介します。

コーヒー牛乳「べこっこコーヒー」（宮城県～岩手県）【写真1】、納豆「彩黄金（あやこがね）」（宮城県、萬歳食品）【W56-2】、餃子「これが博多の餃子たい」（福岡県、八洋食品）【W56-3】です。これらが「みやげ」でないことは、製品の性質からすぐに分かりますね。

「べこっこコーヒー」の「べこっこ」は牛のことです。納豆はパッケージの中央に「おばんです」（こんばんは）のメッセージがあります。両方とも、東北の有名な方言ですね。餃子は商品名自体が博多弁であるとともに「これしかなかろうもん！」のメッセージも入っています。

なお、納豆と餃子は、私の専属研究助手（妻：151～152ページにも登場）が見つけてきたものです。

東北地方の「方言みやげ」の食品も二点紹介しておきましょう。両方とも、観光みやげとしてパッケージされています。スナック菓子「いぎなりうまい棒」（宮城県）と、「盛岡冷麺物語三品味くらべ」（岩手県）です。「いぎなり」（とても）は、外箱に説明があります【写真2】。冷麺には、表のほか、裏にも「おあげってくなんせ」

【写真 1】

【写真 2】

〔めしあがってください〕のメッセージが入っています【写真3】。

（田・56）

《謝辞》株式会社サトーフード（岩手県盛岡市）におかれては、「盛岡冷麺物語三品味くらべ」を無償で提供してくださいました。ここに記して深く感謝の意を表します。

【写真3】

●──日用品の方言グッズ

さて、今回の話題は、「みやげ」でない「方言グッズ」です。この連載の題名（副題）のように、私たちは「みやげ」と「グッズ」の二つをひとまとめにして、「方言みやげ・グッズ」と呼んでいます（37〜38ページ）。その理由の一つに、「みやげ」と「グッズ」の区別が付けにくい、ことがあります。

そういうところ、私の専属研究助手〜世間では「妻」と呼ばれます〜が、「みやげ」でない「方言グッズ」を見つけてきました。

「nacre」ブランドの、「とうほくのことば」と題されたティッシュペーパーとトイレットペーパーです。発売元は三菱製紙（家庭紙事業室、所在地：岩手県北上市）です。

ティッシュペーパーは、『箱』の「側面」と「底」に東北地方の方言がたくさん載っています。このティッシュペーパーは、五箱一パックで、「側面」は五箱の長辺側の二面つまり十面に、各面三例ずつ計三十例の方言が載せてあります【写真1】。

また、「底」には、五箱共通で、東北地方六県各々の代表的な方言が、各県五例ずつ計三十例、共通語の意味とともに一覧になっています【写真2】。

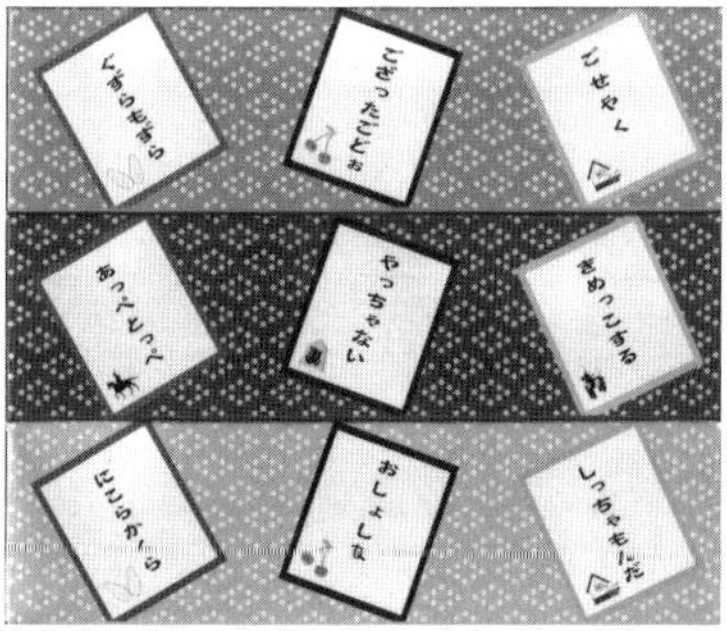

【写真1】

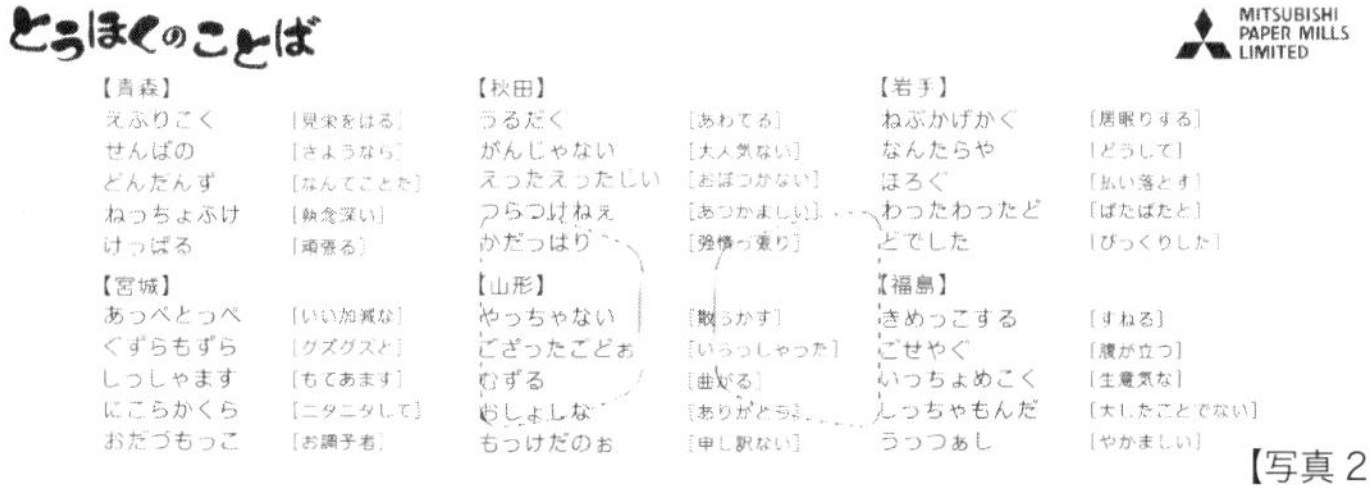

【青森】		【秋田】		【岩手】	
えふりこく	[見栄をはる]	うるだく	[あわてる]	ねぶかげかぐ	[居眠りする]
せんばの	[さようなら]	がんじゃない	[大人気ない]	なんたらや	[どうして]
どんだんず	[なんてことだ]	えったえったじい	[おぼつかない]	はろぐ	[払い落とす]
ねっちょふけ	[執念深い]	つらつけねぇ	[あつかましい]	わったわったど	[ばたばたと]
けっぱる	[頑張る]	かだっぱり	[強情っ張り]	どでした	[びっくりした]
【宮城】		【山形】		【福島】	
あっぺとっぺ	[いい加減な]	やっちゃない	[散らかす]	きめっこする	[すねる]
ぐずらもずら	[グズグズと]	ござったごどぉ	[いらっしゃった]	ごせやぐ	[腹が立つ]
しっしゃます	[もてあます]	むずる	[曲がる]	いっちょめこく	[生意気な]
にこらかくら	[ニタニタして]	おしょしな	[ありがとう]	しっちゃもんだ	[大したことでない]
おだづもっこ	[お調子者]	もっけだのぉ	[申し訳ない]	うっつぁし	[やかましい]

【写真2】

トイレットペーパーは、十二巻一パックで、そのパックのビニール外袋の二面に、一面六例ずつ計十二例の方言が示してあります【写真3】。さらに、各県の象徴のイラストもあわせて載せられています。青森：リンゴ・ホタテ、岩手：南部鉄瓶・わんこそば、秋田：なまはげ・きりたんぽ、などです。

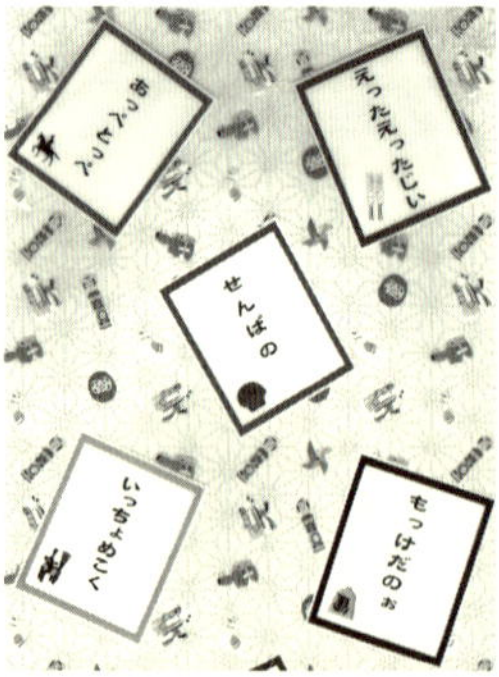

【写真 3】

これらは日用品の消耗品ですし、また、かなり〝かさ〟の張る商品ですから、製造者に、観光地でのおみやげにする意図はなく、地元の人に〝ふるきよきふるさと〟を思い出してもらいたい目的で製作されたものだというのはすぐに分かります。他社製品との差別化、という販売戦略のなかで、方言が採用されたのですね。

「方言グッズ」には、こういう日用品もあるわけです。

（田・51）

●——世界最小の方言グッズと方言メッセージ

方言をグッズやメッセージに出すとき、たいていは方言を大きく示します。そういうなか、ここでは、大かたとは異なる発想からの、小さいものに小さく示す、方言グッズと方言メッセージを紹介しま・す。

一つめは、方言グッズ「方言綿棒」です。株式会社山洋（大阪府富田《とんだ》林《ばやし》市）の製品で、「大阪弁おみくじ」【写真1】と「東北弁」です。綿棒一本一本の全部に方言が記載されています。綿棒の長さは七・八センチ（軸は五・五センチ）、軸の直径は二ミリです。この小ささから「世界最小」としました。両方とも一筒百十本入りです。

一回使い切りで、149～152ページで紹介した「方言日用品」の仲間でもあります。

「大阪弁おみくじ」は、四十二種類の大阪弁の表現が「おみくじ」の吉凶度に合わせてあります。十種類ここで紹介します。四十二種類全部は、ぜひ現物でご覧ください。

超吉：あんた今日は最高の日やで！
大大吉：調子のりまっせ！いきりまっせ！
大吉：ごっつうええやん！
中吉：おおきに！おおきに！
小吉：こんぐらいが一番やねん

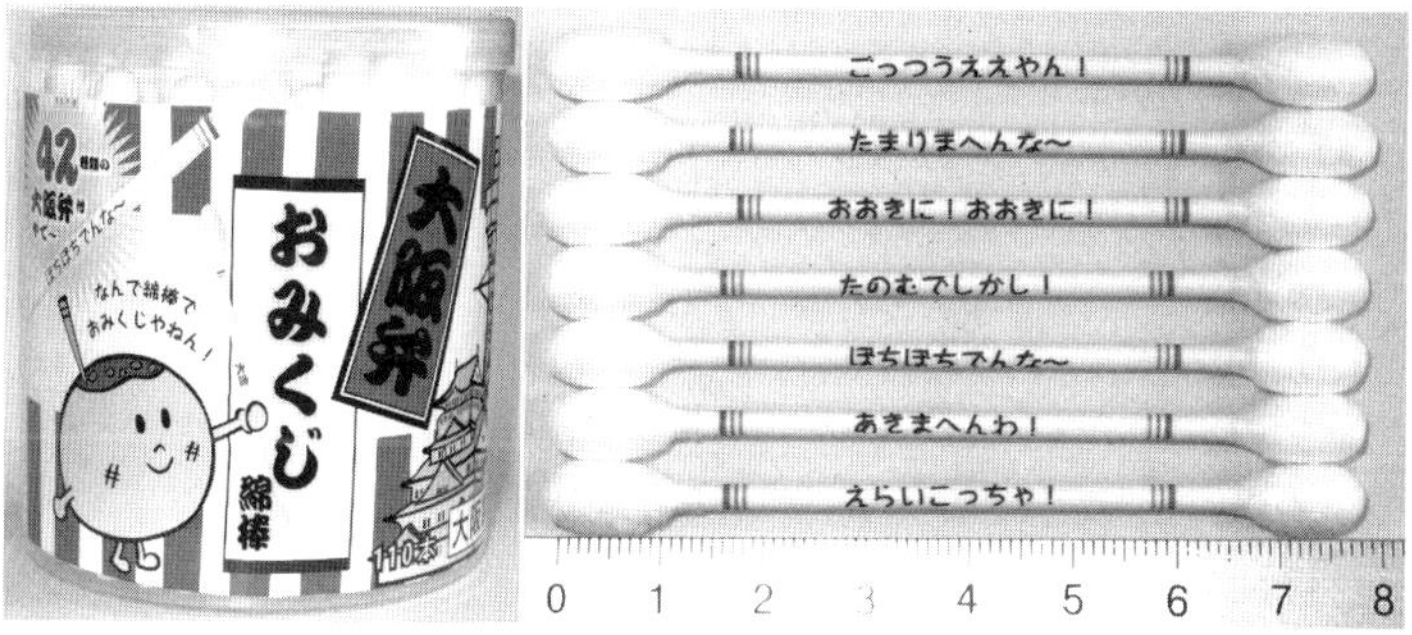

【写真1】

小吉：たのむでしかし！
吉：ぼちぼちでんな〜
凶：あきまへんわ！
大凶：えらいこっちゃ！
大大凶：さぶいぼ〔鳥肌〕たってきた！

「東北弁」は、二十八種類（青森、岩手、山形、福島：各五、秋田、宮城：各四）の方言の文に県名と共通語訳が付いています。各県から一種類ずつ紹介します。〔 〕内は「軸に書いてある『標準語』」です。

青森：な、どさえぐ？ ゆさ〔あなたどこへ行くの？ お風呂にいってくる〕
岩手：てづびんで、めーおじゃっこ飲めじゃ〔南部鉄でおいしいお茶はいかがですか？〕
秋田：泣ぐごはいねぇが〜〔泣く子はいないか〜（なまはげ）〕
宮城：歯にとうきび詰まっていずいなや〔歯にとうもろこしが詰まって違和感があるなぁ〕
山形：あんめぐて、んめさくらんぼ〔あまくておいしいさくらんぼ〕
福島：めんこい赤べご いんねいがい。〔ユラユラかわいい赤べこ欲しいでしょう〕

もう一つ方言メッセージで、箸帯（日本料理店で箸を束ね結ぶ紙）に出された「おこしやす」【写真2】です。京料理の店、美《み》濃《の》吉《きち》のものです。「おこしやす」は、「いらっしゃいませ」の意味です《注》京都のお店のなかには、迎えのあいさつを、常連客には「おこしやす」、初めての客には「おいでやす」として、区別しているところもあ

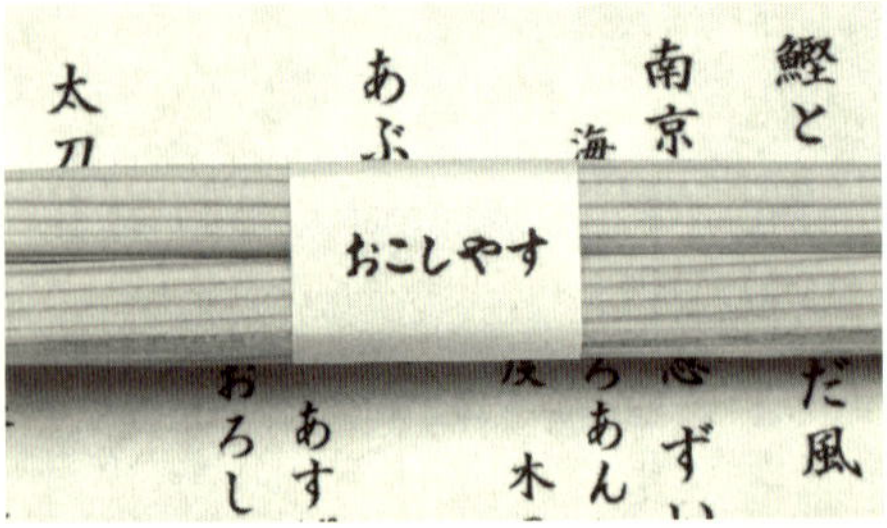

【写真2】

ると言われます）。箸の幅と比べて考えますと、その小ささが分かり、やはり「世界最小」としました。小さくても、お客様に必ず見てもらえますね。

その他、「世界最小の方言グッズ」には、お菓子もあります。ロッテ「コアラのマーチ」です。

「おおきに」と書かれて【写真3】、箱の差込（外からは見えない）に解説が付けられてあります。

ちなみに、どの箱にも入っているのでなく、なかなか出逢えません（私の場合、五箱目に二箇入っていました。差込とも関連はしていないようです）。

今回紹介した「東北弁綿棒」は、私のゼミの学生が見つけて教えてくれたものです。

皆さんも、小さい方言グッズを見つけましたら、どうぞ、私たちに教えてください。

（田・66）

《謝辞》株式会社山洋におかれては、製品の提供に特別の便宜を計ってくださいました。深く感謝の意を表します。

【写真3】

●――信州弁をあしらった紙袋

しなの鉄道の屋代《やしろ》駅に降り立ち、駅を背にして歩を進めると、きれいな商店が軒を連ねています。その一角を占める「屋代西沢書店」でお買い物をすると、ほのぼのとした味わいを持つ版画と方言が印刷されたオリジナルの紙袋【写真1】に商品を入れてもらえます。

版画に添えられた方言を、あらためて見てみましょう。

「ぎんだれ猫・へっつい猫」〈かまどのそばをうろうろしている寒がり屋のネコ　目やにを出したうすぎたないネコ〉

「本屋で本買わず」〈本屋で本を買おう〉

「月みにいかず　花みにいかず」〈月を見に行こう、花を見に行こう〉

「づくなし　づくだせ」〈無精者め　やる気を出せ〉

「おらやだ　われいけ」〈俺はいやだ　お前行け〉

「もうらしこんだし」〈かわいそうなことだなあ〉

「おじょここくな」〈生意気なことを言うな〉

版画の作者は、地元・千曲《ちくま》市出身の「板画家」森獏郎《もりばくろう》氏です。地元の方言をこよなく愛する森氏には、『オラホの憲法9条』（川辺書林〈長野市〉、二〇〇五年）という作品もあります【写真2】。ページをめくると作品に添えられている条文は、

この国の人間《もん》は、これっきし

【写真1】

なにが　あらずが　よその国と　戦争
やったり　よその国の　人間《もん》を
殺したり　しねだしど。

屋代西沢書店の明るい店内を見回すと、森氏の著作はもちろん、郷土出版物が充実していることがわかります。『ちょうま』『屋代』といった郷土雑誌のバックナンバーも手に取って見ることができ、郷土を愛する好学の風土がしのばれます。ここでご紹介した紙袋は、そうした文化活動を支援するお店ならではのオリジナル袋と言えるでしょう。

惜しいことには、在庫が少なくなっているとのこと（貴重な一枚をいただいてしまいました）。森氏のファンと信州弁の愛好者は、屋代西沢書店へ急ぎましょう。

（大・50）

【写真2】

●——とびゃっこメモ帳

35〜36ページに「第81回：ケセン語メッセージ」を紹介しました。今回も、「ケセン語」の記事です。「ケセン語」とは現在の行政区域で、釜石市唐丹町《とうに》・気仙郡住田町・大船渡市・陸前高田市の、岩手県の旧「気仙郡《けせん》」の方言です。大船渡市の医師で方言研究家の山浦玄嗣《やまうらはるつぐ》さんによる呼び方です。

今回紹介するのは、ケセン語のメモ帳「とびゃっこメモ帳」です。

陸前高田市のタクミ印刷有限会社（http://www.takumi-in.co.jp/）による八種のメモ帳です。一冊百枚綴りです。

方言の使われ方は、次のとおりです。

①八種の各々に、ケセン語の題名が付いていて、表紙には、その題名となった単語を理解するためのストーリーの漫画と共通語訳も添えられています【写真1】

【写真1】

以下に紹介します。〔　〕内は、表紙に添えられた共通語訳です。その後ろの（　）内は、適宜付けた私の解説です。

「がふ」〔大きい。ぶかぶか。〕（靴がブカブカなど、大きすぎて使いづらい様子）

「おだづなよ」〔ふざけるな。〕（相手の言動を否定する表現）

「たんまげたー」〔びっくりした。おどろいた。〕

「おしょしー」〔恥ずかしい。〕

「たねる」〔探す。たずねる。〕（「たずねる」からの変化で「たねる」です）

「かっつぐ」〔追いつく。〕

「けなり」〔うらやましい。〕

「かばねやみ」〔めんどくさがり屋。めんどうな事。〕（怠け者）

②「たんまげたー」と「おしょしー」を除く六種の表紙の裏には、各々の題名の方言を、表紙とともに解説する一コマ漫画が付いています。

③表紙の裏に、「あど、こんなのもあんのす。〔他に、このようなものもあります〕」として、八種各々ごとに、数例のケセン語の単語と共通語訳が出ています【写真2】。

④メモ帳の全ページに、③のなかから選んだ語例と解説の一コマ漫画が、筆記を妨げないよう、ページの端に薄刷りであしらわれています。

このメモ帳は、気仙地区や岩手県内での販売のほか、ネット通信販売も取り扱いがありました。しかし、東日本大震災の大津波により、陸前高田市の中心部に位置していたタクミ印刷の社屋は、土台だけを残して完全に流失してしまいました。そのなかで、同社の皆さんの努力により、仮設事務所で営業を再開しています。先のＵＲＬも、震災前の状態ですが、閲覧可能のままになっています。

（田・131）

あど、こんなのもあんのす。
（他に、こんなのもあります）

ずんねぁ…………えらい、でかした
ほんだがすぺ？…そうでしょ？
ばーばーばー……あらあら、ありゃりゃりゃ、あっちゃー
おしょしー………恥ずかしい
おだづ……………ふざける
ほでなす…………ろくでない・わけがわからない
たんまげだ………びっくりする
いいがすと………いいじゃないですか
かばねやみ………怠け者
うんめぁ…………美味しい
あべ………………行こう、行くぞ

※地域によって多少言い方が異なる場合があります

【写真2】

●——方言でひと言添えて——「のし袋」

宮崎市の文具店で、方言でメッセージを書いた「のし袋」がたくさん並んでいるのを見つけました。その数、九種類。袋の色は白が中心ですが、薄いピンク、薄いブルーのもあります。サイズは、紙幣を折らずに入れられる大きさです【写真】。

具体的には、次のようなメッセージが書いてあり、「つかってみてん宮崎弁」という九つの表現（とその共通語訳）の一覧も付いています【口絵写真⑳】。

①お祝いやじ〜
②おばあちゃんからのお祝いやけんね
③可愛いい子がでけたね
④がんばんないよ
⑤楽しんできないよ
⑥おこづかいやけんね
⑦すこしやっちゃけんね
⑧好きなつ買いない
⑨はようなってね

【写真】

内訳を見ると、①②は文字通り「お祝い」用で、③は「出産祝い」、④は「就職・進学祝い」などに、⑤は旅行に行く人への「餞別」でしょうか。⑥⑦⑧は「小遣い」などに、そして⑨は「病気見舞い」でしょう。なお、⑦は「寸志」としても使えそうです。①〜⑧には右上に小さなのしが付いていますが、⑨にはありません。

お見舞いには「のし」は付けないのがふつうですから……。②だけに「おばあちゃんからの」と贈り主が出てきますが、プレゼントの〝主役〟になるのは、おばあちゃんが多いということでしょうか？

以上、いずれも贈り手の気持ちが方言で書かれており、〝遊び心をもった方言グッズ〟ということができるでしょう。贈るほうももらったほうも、共通語での場合に比べていっそう思いが身近に感じられ、いわば〝肉声が聞こえる〟やりとりができそうです。どれも「祝儀」に属するケースばかりで、「不祝儀」用はありません。「不祝儀」はやはり改まってきちんと伝える必要があり、〝遊び心〟の入る余地はないからでしょう。

こののし袋を作っているのは、どこなんだろうと思って店の人に聞くと、何と四国は愛媛県の紙製品製造販売会社だとのこと。電話して社長に話を聞きました。

そもそもこういう〝メッセージ付きのし袋〟は共通語で書かれたものがあり、販売店を通じてお客さんからときおり地元の方言で書いたのし袋を作ってほしいという依頼があり、一つひとつ手書きで対応していた由。そういう経験をもとに二〇〇七年から各県域版をまとめて作ることにし、メッセージは全部手書きにして、現在、宮崎県版のほかに、北海道・名古屋・大阪・徳島・博多・佐賀・熊本・鹿児島の、都合九つの都府県域版があり、今後さらに他の県域版も増やしていきたいということでした。

三色の使い分けは、白が基本で、女の子用には薄いピンク、男の子用には薄いブルーもあり、メッセージとして書く「方言」は取引先の販売店などから情報を得て決めている由。販売店やお客さんからの反応は好評で、おもしろグッズとして好意的に受け止められているという話でした。

（日・28）

●――方言カレンダー

長岡市内の商店街を歩いていると、素敵なカレンダーが目にとまりました【写真】。こちらの驚きを先取りするかのように、表紙には、

「おーこっこ、このカレンダー、長岡弁が書いてあるねっか」

〔おやまあ、このカレンダー、長岡弁が書いてある！〕

とあり、各月一語が、長岡の風景にあしらわれています。

一月……あおーれ　会いましょう。会おうよ。

（二〇一二年四月にオープンした、市役所を中心とする複合施設の名称は「アオーレ長岡」）

「まんまくったら、ちけん様で、あおーれ」（ごはんを食べたら、平潟神社で、会いましょうね）

二月……ずらねえ　動かない。「ずる」の否定形。（以下例文略）

三月……かがっぽい　まぶしいこと。

四月……おっこっこ　おやまあ、なんということだ。

五月……なじらね　どう？　英語のHow do you do?に近い。

六月……はらくっちぇ　満腹。

【写真】

七月……わんざ　セミの幼虫。
八月……こって　かなり。はなはだしい様。
九月……なんぎ　体調が良くない。苦労する。
十月……タンタン　靴の幼児語。
十一月……しょうしい　はずかしいこと。
十二月……げっぽ　びり。最後尾。最後。

例年、長岡の花火をモチーフに製作していたものを、今回、方言カレンダーとしたねらいについて、長岡花火デザインプロジェクト（企画・製造・販売）の小森幸子さんに伺ったところ、「長岡花火がモチーフのものを作ってきましたが、これまで数回、長岡弁カレンダーを作り、リクエストが多かったので、今年も作りました」とのことでした。

単語（方言）の選択については「長岡市出身のアートディレクター内藤昇氏とともに選択、また、デザインは内藤氏、写真は市橋織江氏による」ものだそうです。購入した方々の反応については、「ほのぼのとした写真と、なつかしい方言でお喜びいただきました」とのことで、「製作者冥利に尽きるというものです」。

シリーズ化の計画についておたずねしたところ、「なるべく、毎年作りたいと思っています」と、頼もしいお答えをいただきました。

（大・170）

●土佐の「龍馬からの恋文《ラブレター》」トイレットペーパー

二〇一〇年のＮＨＫ大河ドラマ『龍馬伝』は大変な人気で、全国各地の坂本龍馬ゆかりの地は歴史ファンや観光客で大変にぎわっていると聞きます。関連グッズも続々と登場していますが、そのひとつ、地元・高知では、坂本龍馬からの「恋文《らぶれたー》」を印刷したトイレットペーパーが発売され、話題になっています。中国語で「手紙」とはトイレットペーパーのことだというのはよく知られた話ですが、まさに龍馬からの手紙がトイレットペーパーになって登場した、というわけです。

これを作ったのは、家庭用の紙製品の製造・加工・販売をしている、高知県土佐市の望月製紙です。

同社によると、ＮＨＫの大河ドラマで『龍馬伝』が放送されることが決まった二〇〇九年三月、何か龍馬に関するものを開発しようと社内からアイディアを募集。その中から浮かび上がったのが、主力商品の一つであるトイレットペーパーに「龍馬からの手紙（恋文）」を書くことだった由。社の内外に「自分が龍馬になったつもりで『恋文』を書いてください」と呼びかけ、およそ二百点ほど集まった応募作の中から、人気投票によって決まったのが、製品化された四作品だったということです。

【写真】

二〇一〇年一月のドラマの放送開始に合わせて販売を始め、高知県内や龍馬ゆかりの長崎県の観光みやげ品売り場などを中心に販売され、そのユニークさ、おもしろさもあって、旅の記念に、またプレゼント用などに、人気は上々だとのことです。

文面は、まず龍馬が「おー　今日も待ちよったぜよ、まあ、ゆっくりしていきや」とトイレで迎え、そのあと利用者へのメッセージがあり、最後は

悩みがあるがか？〔悩みがあるのか？〕

何でもゆーたらえいがよ〔何でも言ったらいいよ〕

ここには誰もおらんき〔ここには（ほかに）誰もいないから〕

ほんで　後は水に流したら〔そして　後は（すべて）水に流したら〕

えいがやき〔いいんだから〕

と励ます内容の文面四連が、連綿と繰り返されています【口絵写真㉑】。参考までに、共通語訳を付けておきました。

全部を読むと、個室での人生相談の趣きがあります。「恋文」というよりも、龍馬からの「人生の応援歌、処世訓、激励」といったほうがいいでしょうか……？

この手紙のおおむね二連ごとに点線状の切れ目が入っています。

そのように、人生の悩みにも適宜ふんぎりをつけ、うまく切り離されたトイレットペーパーといっしょに、不運や憤懣はすっきり水に流して解消できるといいですねぇ……。

（日・113）

《参考》「望月製紙」のウェブサイトは、http://www.fuwafuwa-roll.com を参照。

方言の力を試してみる

「津軽ひろさき検定」と方言

近年、全国各地で「ご当地検定」が盛んに行われており、人気を博しています。そのひとつ、青森県の「津軽ひろさき検定」では、〝シンボルキャラクター〟として、「おべさま」という方言が活用されています【写真】。

「おべさま」は地元の方言で、〈もの知り〉という意味で、「さま」という敬称が付くことからもわかるように、尊敬の意味あいがあり、こういうご当地検定の合格者を言うには大変ふさわしい方言といっていいでしょう。

津軽人の性格や傾向を評した「津軽の三ふり」は、よく引き合いに出されます。「えふり〈いいふりをする。見栄っ張り〉、あるふり〈お金などがないのに、あるふりをする〉、おべだふり〈よく知らないのに、知ったふりをする〉」の「おべだふり」には〈知ったかぶり〉という非難のニュアンスがありますが、「おべさま」はそれとは意味あいが異なります（「おべ」は〈覚え〉、「おべだ」は〈覚えた〉の転でしょう）。

「おべさま」は、弘前公園の桜として全国的に有名な、桜の花びらをベースに図案化してあり、もの知りの人のイメージを重ねて、眼鏡をかけ、口ひげを蓄えています。

「初級」は二〇〇八年にスタート。「中級」は翌

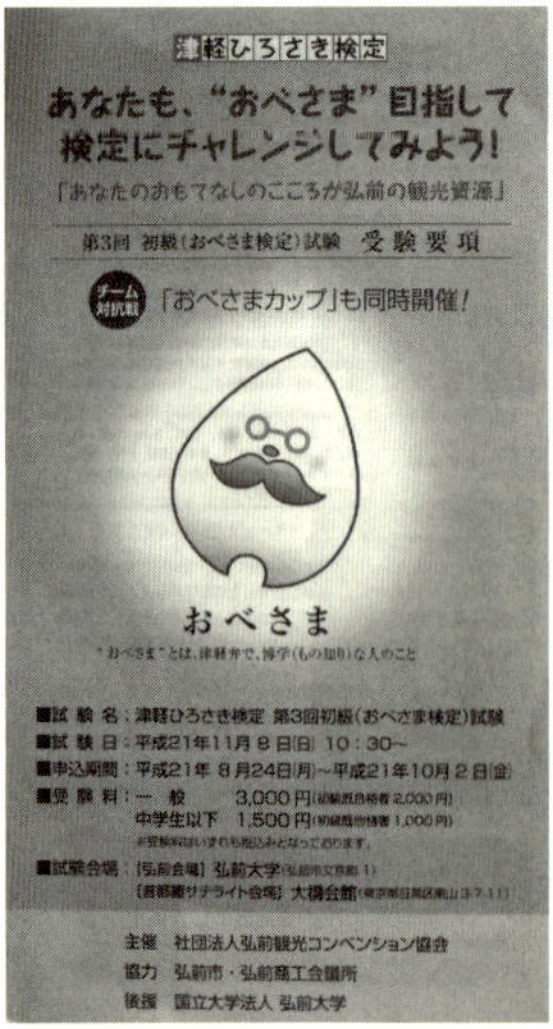

【写真】

二〇〇九年に、さらに「上級」は二〇一一年にスタート。中級の合格者は「おべ博士」と呼ばれ、これには角帽がのり、白い口ひげ、さらに立派なあごひげも加わっています。上級の「おべ仙人」は、見事な花弁型の白い眉毛に白い口ひげとあごひげを蓄え、そして杖を持っています。

検定は、個人参加のほか、三人ひと組のチーム対抗戦（おべさまカップ）もあり、会場も、地元弘前のほかに、東京会場も設けられています。また、合格回数積算制度もあって同じランクに三回合格した人はそれぞれ「おべさまマスター」「おべ博士マスター」に認定されるなど、参加しやすいよう、また何度でもチャレンジする意欲を引き出すよう、工夫や配慮がなされています。

この試験に備えるための『公式テキストブック』『津軽ひろさき検定・検定試験問題集』『津軽ひろさき・おべさま年表』も発行されています。

初級・中級の試験終了後には、検定問題に関する地域や施設などを巡り、検定の答え合わせをし、弘前を再発見する半日のツアーも用意してあります。

また、この検定合格者の知識をさらに有効に「観光ボランティアガイド」にも活用しており、そのうち、女性だけのボランティアグループの名前は「アパ・テ・ドラ」という由。一見、外国語のようですが、実は「アパ」は津軽の方言で〔奥様〕、「テドラ」は〔お手をどうぞ〕という意味だとのこと。ここでも方言がしっかり活用されています。

（日・68）

《参考》より詳しくは、「弘前観光コンベンション協会」電話0172-35-3131、URL http://www.hirosaki.co.jp/htcb/sightseeing/hiroken/index.html などを参照してください。

●——方言検定本——鹿児島と出雲

近年、地元のことを、楽しみながら、より深く確かに知ってほしいと、「ご当地検定」が各地で実施されていることは、166〜167ページでも紹介しました。

そのうち、「方言」に絞った検定用の本（問題集と教科書）が、私の知る限りでは、鹿児島県と出雲（島根県）で出ています【写真】。

第一回「鹿児島弁検定」は二〇〇九年八月十六日に開催され、小学生から九十代までの幅広い世代の六百五十人が受検し、特に若い女性が多かったとのこと（それに先立ち、三月には二百七十人が受検して模擬検定も行われました）。『鹿児島弁検定問題集』は、それを踏まえて発行されたもので、鹿児島弁検定実行委員会の編集・発行で、二〇一〇年一月に出版されています。

検定は初級・中級・上級に分かれており、初級は「鹿児島弁の楽しさを感じてもらう」、中級は「鹿児島弁のすばらしさを感じてもらう」、上級は「鹿児島弁の奥深さを感じてもらう」ことをねらいとし、それぞれ七十点以上が合格で、合格率は、初級の「学士」が92％、中級の「修士」が73％でしたが、上級の「博士」は難関で11％しか合格しなかった由。

初級の問題は、寸劇を見て鹿児島弁の意味を共通語になおす（20問）、いかにも鹿児島弁らしい語を記す（20問）、鹿児島弁の語の意味を選択する（60問）、共通語の会話文を鹿児島弁になおす（5問）、鹿児島弁の俗謡「茶碗蒸しの唄」を共通語訳する、など。

中級は、ビデオを見て鹿児島弁の会話を共通語に訳す（21問）、いかにも

【写真】

鹿児島弁らしい語を記す（20問）、鹿児島弁の語の正しい意味を選択する（50問）、適切な擬声語・擬態語を書く（11問）、「シンデレラ物語」を鹿児島弁で書く（10問）、など。

上級は、ビデオを見て鹿児島弁の会話を共通語訳する（30問）、鹿児島弁の語の正しい意味を選択する（20問）、鹿児島弁の語源を書く（15問）、鹿児島弁のことわざの意味を書く（10問）、鹿児島弁に関する本や人物などに関する説明の中から正しいものを選ぶ（10問）、など。

以上のように、各級のねらいや難易度に合わせて、多彩な問題が出題されています。同書から、そのうちのいくつかの問題を紹介しましょう。【⇓解答は後述】

初級：次の鹿児島弁の意味を書きなさい。

とぜんね（　　　　　）、はんとくっ（　　　　　）、あばてんね（　　　　　）

中級：鹿児島弁らしい擬声語・擬態語を書きなさい。

「のろのろ歩く」、「頭がくらくらする」、「この魚はぴちぴちしている」

上級：次の鹿児島弁の語源を書きなさい。

「がんたれ、ぐらしい、きらす、ひやなっ、…」

二〇一〇年六月に第二回、二〇一一年八月に第三回が行われ、年々盛んになっています。詳しいことは、鹿児島弁検定協会のウェブページ（http://kagoshimaben-kentei.com）などを参照してください。

もう一冊、島根県では『出雲弁検定教科書』（有元光彦・友定賢治編集、宍道・出雲弁保存会協力）という本が、CD付きで、二〇〇八年十月に発行されています。が、これは方言研究者による出雲弁の解説書とでも言うべきものです。その理解度と学習の成果を確認する意味で、第三章に「出雲弁検定試験」の問題が載せられています。ですから、こちらは一般の人々を対象にして、実際に「出雲弁検定試験」が行われているというわけで

はありません。（日・103）

《参考》

①『出雲弁検定教科書』については、http://oneline.main.jp/oneline.htmを参照。

②インターネット上にある各種の検定を知るには、「けんてーごっこ」（http://kentei.cc/）で、また全国各地で実施されている多様な「ご当地検定」は、「ご当地検定の森」（http://www.1gotouchi.com/）などで検索することができます。

【「鹿児島弁検定」の解答】

初級：とぜんね（寂しい）、はんとくっ（転倒する）、あばてんね（たくさん）

中級：「（ノロンクヮラン）あるっ！」「びんたが（クランクラン）すっ！」「こん魚は（ピッチンピッチン）しちょい！」

上級：（粗悪品＝贋垂れ、不憫＝業らしい、おから＝切らず、花火＝火柳）

●――大分県豊後高田市の「方言まるだし弁論大会」

大分県の北部、丸く突き出た国東《くにさき》半島の付け根に、豊後高田《ぶんごたかだ》市があります。最近は、「昭和の町」―古い町並みと外観がそのまま残る市内中心部の商店街―が、観光地として有名になってきています。

ここに、毎年十月に開催され、名物行事になっている方言のイベントがあります。

「なんでんかんでん言うちみぃ　大分方言まるだし弁論大会」がそれで、一九八三年にスタート。二〇〇九年は十月十八日（日）に開催され、数えて第二十五回【写真】。四半世紀の歩みを重ねてきました（途中、〝充電〟のために二回ほど休んだ期間がありましたが……）。

国東半島は、「六郷満山」と言われ、「仏の里」とも呼ばれて、仏教関係の史跡や観光スポットの多い地域ですが、地元の若者たちが、暮らしのことば＝方言を活かして何か面白いことをやろうではないか、と〝よだって〈企画して〉〟始めたのがこの大会でした。

弁士一人の持ち時間は五分で、高校生以上なら誰でも応募できます。まずは発表する内容の要旨を四百字詰め原稿用紙一～二枚に書いて応募し、原稿審査のうえ、毎年十人程度が本選に出場し、壇上に上ります。

四百二十人を収容する市内でいちばん大きな会場＝中央公民館は、早くから詰め掛けた人・人・人で、超満員。大ホールに入りきれない人のためにロビーのテレビモニターにも同時中継し、そこでもまた大勢の人が画面を見つめます。

審査のポイントは大きく分けて二つあり、「表現力」と「方言力」。弁論大会ですから、各自の言わんとする論旨を聴き手にわかりやすく訴えて、なるほどとうなず

【写真】

かせる「表現力」と「説得力」が必要なのは当然のことですが、この大会は「方言」の弁論大会です。したがって、とりわけ「方言力」とその「活用力」が求められます。

いくら共通語でいいことを主張しても高い評価は得られません。さりとて方言は確かにふんだんに出てきたが何を言いたいのかよくわからない、というのではこれまた高い得点にはなりません。方言ならではの持ち味を十分に活かしながら、説得力のある話をしなければいけないわけで、「方言」をベースにしつつ、そのバランスを取るのがひと苦労です。

出だしは方言でスムーズに話し始めて快調に進んだものの、話が佳境に入るといつの間にか共通語になってしまい、ハッと気づいて慌てて方言に戻そうとするがうまく切り替えられずに四苦八苦。会場の爆笑を誘うシーンもまま見られますが、それもご愛嬌。次々に登壇する弁士による、熱のこもった方言での弁論が続きます。

この大会は、暮らしのことば＝方言のもつユーモアやバイタリティー、気取らず飾らず、本音を率直に吐露するリアリティーなど、ふだんあまり意識することのない「方言」の持ち味や特長を、改めて見直す、得がたい機会になっています。

（日・73）

《参考》二〇一二年十月十二日には第二十八回大会が開かれています。豊後高田市のウェブサイト（http://www.city.bungotakada.oita.jp/）の「サイト内検索」に「大分方言まるだし弁論大会」と入力し検索すると、過去の大会の模様が写真入りで見られます。

●――一日で全国の方言を聞く方法

この全国地図【図】は、東京都内のアンテナショップと、都道府県会館を訪問して、方言が使用されているパンフレットの件数を色分けによって比較したものです。一部のパンフレットにいくつかの方言が掲載されていても、一件と数えました。そのパンフレットにどんな方言が使用されているか詳しい説明は、またの機会にします。北海道などはパンフレットは〇件ですが、食品には使われています。アンテナショップも都道府県会館もない県はありませんでした。十件以上は、多い順に沖縄、福島、山形、宮城、鹿児島、岐阜です。斜線は、件数が多い地域を示していて、東北、中部・北陸、九州南部・沖縄がかたまりに見えます。方言グッズを入れると、近畿地方も多くなります。都道府県会館には、分室も含めて四十四の都道府県が入っています。たいてい誰かが訪問者に応対をしているか、電話で話しています。耳をすますと、全国各地の方言が聞けます。

　東京都内のアンテナショップで、四国を一巡りしてみましょう。高知県のアンテナショップには、「歩きよったら考えも変わるきね」というシールが店頭に置かれています。香川県には、「豚汁たべてんまい」「香川の酒さぬきようまい」。さらに、「泣きたかったら、泣きゃーええがー」というシールもあります。徳島県のシールは「おまはん

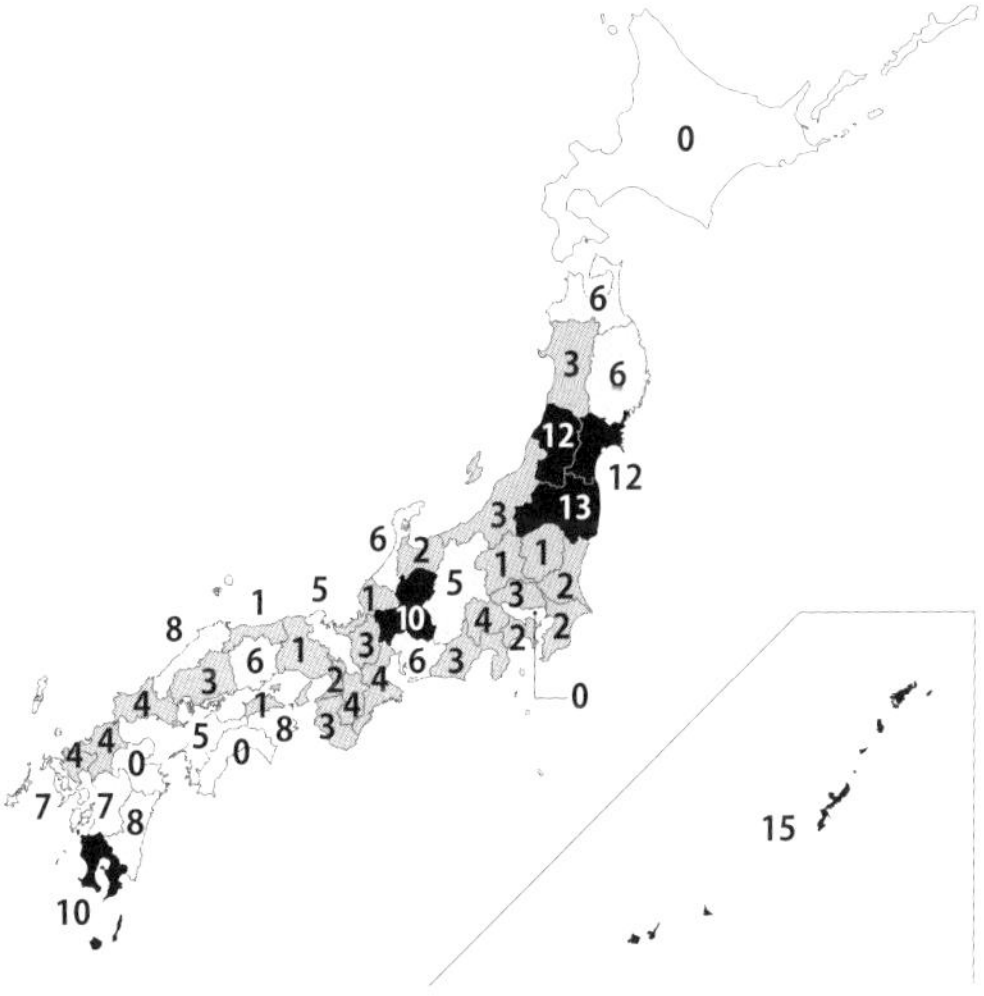

【図】

だけでないんじょ」、愛媛県は「焦らんでええけん」などがあって、四国お遍路をして救われたような気分になります。人生のアドバイスを方言でしてくれるので、特に同県出身者は、ホッと胸のつかえがおりることでしょう。店員さんも方言で応対をしてくれます。
愛媛県のパンフレットに「めちゃ」（めっちゃではない）、山口県では、いりこだしの素に「ぶちうまい」などの若者の方言も見られます。
方言によって地方色を強調している県は、「ふるさと検定試験」にも熱心に取り組んでいて、ショップで検定試験問題を見ることができます。例えば、秋田県では、秋田ふるさと検定実行委員会というのがあって、二〇〇八年度は十一月十六日（日）に第二回二級と第三回三級を実施とあります。一級については、二〇〇九年度の実施だそうです。検定試験の方言の問題をご紹介します。（以下、本文通り）
【生活文化】身体の部分をあらわす秋田方言はどれか。
1．ちょす　2．なじき　3．ぼだ　4．しが
さて、正解はどれでしょう。秋田の友だちがいたら、正解を聞いてください。

方言資料の収集を目的にして、ショップ巡りをすると、まず、麺類がたくさんたまっていきます。つぎに、甘いお饅頭やお菓子がたまります。方言がそばやラーメン、お菓子の商品名だったり、説明が方言だったりするので、買ってしまうと当分の間、各地の麺を食べ続けることとなり、冷蔵庫も賞味期限付きのお饅頭とお菓子でいっぱいになります。おなかはいっぱいになっても、おさいふはからっぽになって、「言語経済学」とはかくもつらい研究なのです。

（山・14）

第三部

広がる方言 虫の目図と魔女の目図

第一章　海外の街角から　虫の目調査

第一節　ハワイの方言グッズ

●ハワイで見た日本語方言

またハワイに行きました。ハワイの日本語は、日本国内のことばと様々な点で違っています。目に見える日本語の方言としてアンダギを写真に撮りました【写真】。サーターアンダギーと書くこともあります。沖縄方言で「砂糖油揚げ」を発音するとこうなるのです。ハワイで出版された『沖縄語辞典 Okinwan-English Dictionary』には、saataa' andaagiiと書いてあります。ドーナツと同じ材料をゴルフボールのような丸い玉の形に揚げたものです。

ほかにも、共通語と同じ名の「ダンゴ」「マンジュー」「モチ」などが売られていますが、中身は東京人が考えるものと違います【W97-2】。

これらの材料の一つがモチコです。かつてハワイの日本語の語彙集を作ったときには現地の人の解説をもとに「もち米の粉」と書いておきました。

そのころ、モチコは大辞典にも方言辞典にも出てきませんでした。しかし今はインターネットで検索できます。あるウェブページ (http://siratamako.com/Q_siratama/index.html) によると、「もち粉」は「白玉粉」と材料が同じで、製造の手間の少ないものをいうようです。モチコは広島の方言かと思ったのですが、日本国

【写真】

内では専門語、ハワイでは日常語なのです。ラーフル（黒板消しの専門語、鹿児島などの日常語）と似ています。

ハワイのモチコについては次のページ（http://www.pacificresorts.com/webkawaraban/shokutaku/051201/）にも詳しく書いてありました。ほかにも大勢がハワイのモチコチキンなどについて書いています。こんなに情報が得られるとは、便利な世の中になったものです。

（井・97）

《注》ハワイ方言語彙集 Glossary of Hawaiian Japanese は、インターネットのページ（http://dictionary.sanseido-publ.co.jp/affil/person/inoue_fumio/）から印刷できます。

ハワイの日本語の方言

日本語教育史上にはじめてハワイの記事が登場するのは、一八九三年開校の日本語学校です。ハワイ島ハラワ公立学校の校舎を借りて発足しました。それより一年前の一八九二年には、ハワイ初の日系新聞『日本週報』が発刊されています。続いて、一八九五年にマウイ島クラのメソジスト教会で日本語学校が、一八九六年には、日本人小学校が設立されました。

ハワイ大学に日本研究コースが開設されたのは、一九〇九年でした。一九二三年には、ホノルル教育会編『日本語読本』が発行されています（詳しくは、山下暁美『解説日本語教育史年表』国書刊行会をご覧ください）。

ハワイの日本人移民は、二世の日本語教育に熱心でしたが、一九二四年の排日移民法締結以後は、英語によるアメリカ市民育成の教育に重点が置かれるようになりました。二世、三世は、学校では標準語の英語で教育を受け、家では両親、祖父母とは日本語、兄弟とは英語と日本語という生活を送りました。しかし、ハワイの日常生活の英語は、ピジン英語（Pidgin）といってハワイ語、中国語、ポルトガル語、日本語などの影響をうけた英語です。ですから、正確には標準英語・日本語・ピジン英語の三言語の生活です。

日本語は、日本の教科書を基準に使用していましたから、読み書きは、日本語学校で学んだ標準語、話し言葉は、移民出身者の多い山口県・広島県・熊本県・福岡県など西日本の方言の影響を強く受けた共通語が使用されました。今日、ハワイを訪れると元気な二世、三世の方から日本語で移民の歴史や日系人社会について体験をまじえて聞くことができます。

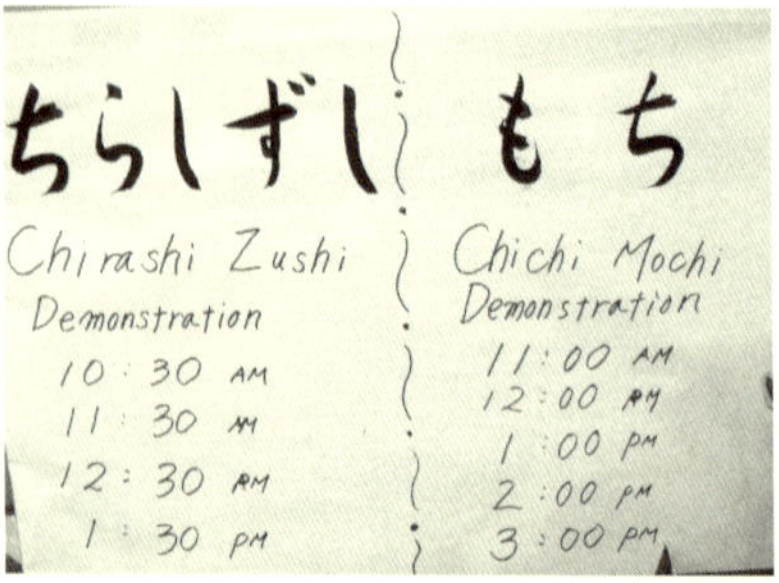

【写真1】

ハワイで使用されている日本語の中に、西日本の方言の影響を受けたことばのほかに、ハワイで新しく生まれた日本語があります。

「Chichi Mochi（乳餅）」【写真1】は、その例の一つです。Chichi Mochiは、乳白色の色をしたやわらかくて丸くて甘い餅で中にあんが入っています。台湾や北京には、乳餅が存在するようです。ほかにも食品の例がみられます。「Taro（タロ）」は、タロイモのポテトチップスです【W144-2】。日本で「タロ、ちょうだい」と言っても通じないでしょうね。タロイモと、さつまいも（Sweet Potato）と、Trio（タロイモ・サツマイモ・ジャガイモのミックス）はそれぞれ八ドル、シャガイモだけのポテトチップスは、六ドルで売られていました。Taroは、元々ポリネシア語でTaloと表記されていたもので、原産はどうも太平洋諸島のようです。日本のさといももその一種とされています。ハワイには、タロイモのパンケーキ・タロ餅ケーキ、パラオのみやげには、タロイモ焼酎もあります。

「Hanapua」【写真2】は、日本で花札と呼ばれるもので、「ハワイ・フラワー・カード・ゲーム」と訳がついています。日本語の「Hana〔花〕」とハワイ語の「Pua〔花〕」で新語を作っています。

（山・144）

【写真2】

●―ハワイの英語ピジン方言をみる

ハワイの英語はアメリカ本土の英語と違います。地元ではハワイで発達した独特の英語をピジン（Pidgin）と呼びます。言語学では厳密な定義のもとに術語として使っていますが、ハワイでは現在の英語ハワイ方言の名称なのです。一九七〇年に社会言語学者ラボフ（William Labov）がハワイに滞在して、若い世代の談話の録音を試みましたが、大研究には発展しませんでした。その後大きな変化があり、今は研究グループが活躍しています。ホノルルの短期滞在の間にそのピジン＝クー（Pidgin Coup）の研究会があるというので、参加して、情報を交換しました。ウェブページ（http://www.hawaii.edu/sls/pidgin.html）でも、基本情報が得られます。

【写真】

今のハワイの若い世代のふだんのことばは、アメリカ本土の英語と、文法も発音も単語も違います。インターネット経由でそのピジン英語を聞く（見る）こともできます（会員の古川さんのご教示によります）。

①Talking Story about Pidgin: Exploring the creole language of Hawai'i（http://sls.hawaii.edu/Pidgin/）　高校の社会科の先生を対象にした授業補助を目指して構築中のウェブページ。"Pidgin in Public"では、街角のハワイピジンの写真が見られます。

②Ha Kam Wi Tawk Pidgin Yet? 1 of 3（http://www.youtube.com/watch?v=NesfQ2oNBcA）　ワイアナエ高校の生徒が作成したドキュメンタリー。ほかの番組もYouTubeで見られます。

③Pidgin: The voice of Hawai'i（http://pidginthevoiceofhawaii.com/buy-the-dvd/）二〇〇九年に発表されたドキュメンタリー作品を注文できます。

また街にはちゃんと方言みやげもありました。グリーティングカードがピジン英語で書かれています【W102-1】。店とそのブランドの名前でもDa Kineというのがあります。The Kindのピジン発音「ダカイン」を写したもので、日本語のアレとかナニのように、思いつかないことばを仮に言うときに使います【写真】。

ハワイのピジン方言は、日本の方言と同じように、撲滅、記述、娯楽の三段階を経ました。人々の見方が変わると、同じ方向に動くのでしょうか？　方言グッズを手がかりにすると、世界のことばの動きが分かります。

（井・102）

第二節　アジアの方言グッズ

●お隣の国、韓国の方言事情

お隣の国、韓国（大韓民国）の方言の状況を見てみましょう。釜山《プサン》で慶尚道方言（釜山の方言は、慶州・釜山・大邱《テグ》を含む地域で慶尚道方言に属する）のグッズはないかと聞いてみましたが、昔とちがって、今日では商品として売られているのは見かけないとのことでした。

グッズをあきらめて、釜山の町の中の看板に注目すると方言がありました。市場の周辺に限られています。【写真1】は市場の入り口に立てられている看板です。東京弁をソウル弁とすると、慶尚道弁はさしあたって関西弁でしょうか。〝오이소 보이소 사이소〟（オイソ ボイソ サイソ）は、〔来てや！　見てや！　買ってや！〕くらいに受け止めてもいいかもしれません。英訳は見てのとおり、"Come! See! Buy!"です。

次の例〝다묵꼬 또묵꼬〟（ダムッコ トムッコ）【写真2】は〔全部食べて　また食べて〕という意味で、これも韻をふんでいます。共通語では〝다먹고 또먹고〟（ダモッゴ トモッゴ）となるそうです。日本語の方言に直すと、〔全部食わんか　もっと食わんか〕とでも言えるでしょうか。大阪の食い倒れといい勝負になりそうです。

にわとりの【口絵写真㉓】は、〝무봤나 촌닭〟（ムバンナ チョンダック）〔食べてみたか　田舎のとり〕という意味で、共通語では、〝무

【写真1】

【写真2】

봤나〟(ムバンナ)が、〝먹어봤나〟(モゴバンナ)となります。放し飼いをイメージする田舎のとりにふさわしい表現を用いようとした意図が見られます。

このように方言は、地方色を強調することによって、商品に特別な付加価値を生み出すことに貢献していると言えましょう。

韓国の方言区画は、西北方言(旧平安道)、東北方言(旧咸鏡道)、中部方言(京畿道)、西南方言(全羅道)、東南方言(慶尚道)、済州方言の六つに分けられます(184ページ参照)が、行政区域に沿っています。韓国の方言は、政治的な揶揄、地域的差別の道具になった経緯があって、今日では、例えば、慶尚道方言は東南方言、全羅道方言は西南方言と呼ばれるようになりました。学問の世界でも、新しい呼び方を採用しています。

済州島は、現在、景観言語としても方言が最も使用されている地域で、方言グッズがあるそうです。興味のある方は、韓国旅行の折に済州島みやげに目を留めてみてはいかがでしょう。

(山・19)

韓国の官製方言グッズ―民俗文化の年と方言大会

ここでは、お隣韓国の方言グッズ関連情報をお伝えしましょう。韓国語の方言は、1西北方言（旧平安道）、2東北方言（旧咸鏡道）、3中部方言（京畿道）、4西南方言（全羅道）、5東南方言（慶尚道）、6済州方言の六つに区画されます。韓国では一九四五年の解放以後は国民の円滑な意思疎通のために標準語政策が国家規模で行われました。しかし近年になって、地域方言を守ろうという意識も芽生えました。各地域の方言を保存しようという動きもあり、国家的な事業として地域語調査が行われました。【写真】は、韓国国立国語院で調査謝礼用などに作った大型の方言ハンカチで、韓国の「にら」の方言分布を表しています。全部で四種類作られました。

ところで、済州島の方言は、本土の言葉とだいぶ違っていますが、最近済州方言が話せる人が減ってきました。そこで済州地域の研究者が中心になって済州方言を守ろうという運動が始まり、韓国民俗博物館と済州道が協力関係を結んで、二〇〇七年を「済州民俗文化の年」と制定しました。学術大会、民俗公演などの様々な行事が行われ、一般人や学生が参加する「済州方言競演大会」も開かれました。

続いて二〇〇八年には全羅北道が選ばれ、「全北民俗文化の年」となりました。同じく競演大会が井邑《ジョンウプ》で開かれて、一般人や中学生が流行の歌謡曲の歌詞を方言に変えて歌ったり、大学生が演劇を方言でやったり、お話を方言で披露しました。

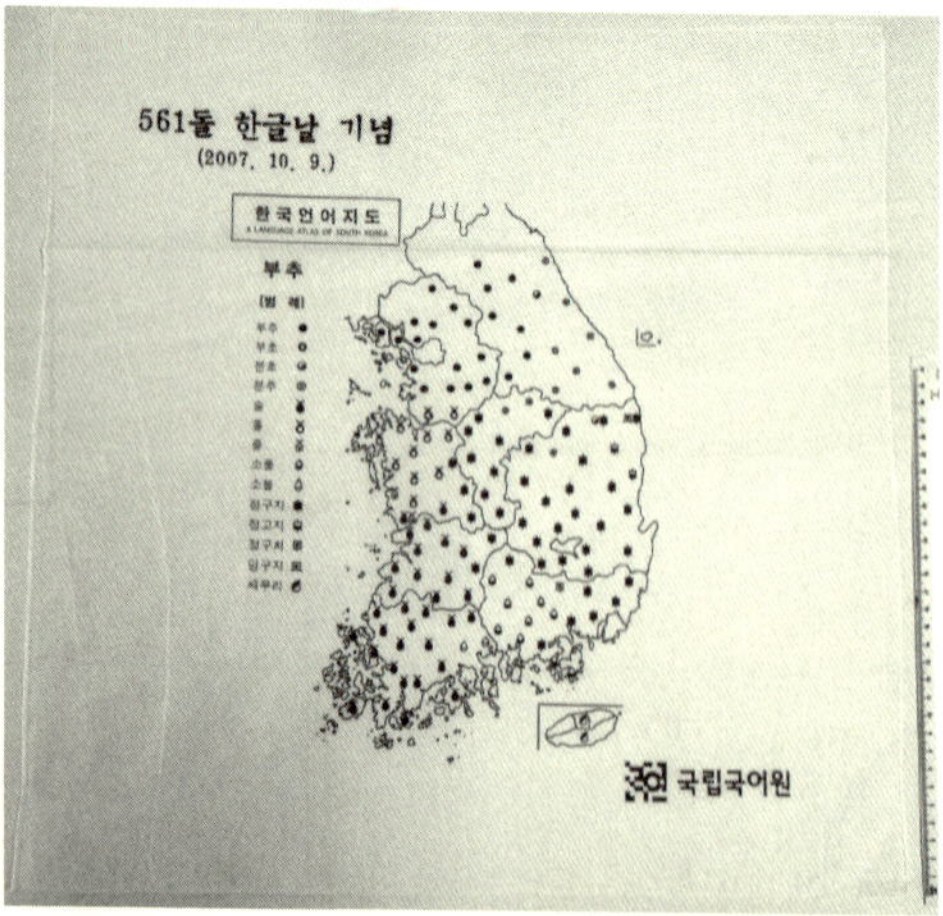

【写真】

二〇〇九年は「慶北民俗文化の年」で、九月十二日に古都慶州で「方言競演大会」が開かれました。そのときの方言ハンカチもあります【W72-2】。官製方言グッズとでもいいましょうか。大会のスローガン「와카노, 와 이카노? (ワカノ、ワイカノ〔どうして? どうしたの?〕)」が書かれています。ソウルの標準語なら「왜 그래, 왜 이러는 거야? (ウェグレ、ウェイロヌンゴヤ?)」です。二〇一〇年度は忠清南道が選ばれて、「忠南民俗文化の年」になりました。二〇一一年は全南道、二〇一二年は忠北道で、この他に慶南と江原道、京畿道が残っています。

(井・72)

(以上、韓国の知り合いの研究者金《きむ》順《す》任《にむ》さんに伝えていただきました。なお韓国の方言グッズについては、182〜183ページ「お隣の国、韓国の方言事情」でも扱われています)

台湾方言（閩南語）の書き方二種

台湾の言語事情は複雑です。電車（台北捷運MRT）の車内アナウンスの四言語が象徴的です。①「国語」としての中国語（北京語）のほかに、②閩南（ミンナン、ビンナン）語（福建語・ホーロー語とも）、③客家（ハッカ）語、④英語が使われているのです。三省堂のウェブ連載第152回のページで録音を聞いてください。善導寺（Shandao temple）駅です。

台湾では閩南語が一番多く使われ、「台湾語」とも呼ばれます。客家語は中国南部から移住した人々のことばです。北京語は戦後国民党政権がもたらしました。北京語が標準語・共通語だとすると、閩南語は、台湾の代表的方言と言えます。北京語と発音が違っていて、漢字で表わせないことばもあります。

そこで書き方に工夫をこらしているのですが、その一つがアルファベットの活用です。【写真1】のように、中華料理店のメニューや八百屋の値札には「A菜」と書いてあります。食べたらすなおな味でした。漢字で書けば〝萵仔菜〟で、台湾の方言では「エ・ア・ツァイ」のように発音するのですが、北京語で発音した「Aツァイ」のほうが日常生活でよく使われているそうです。

【写真1】

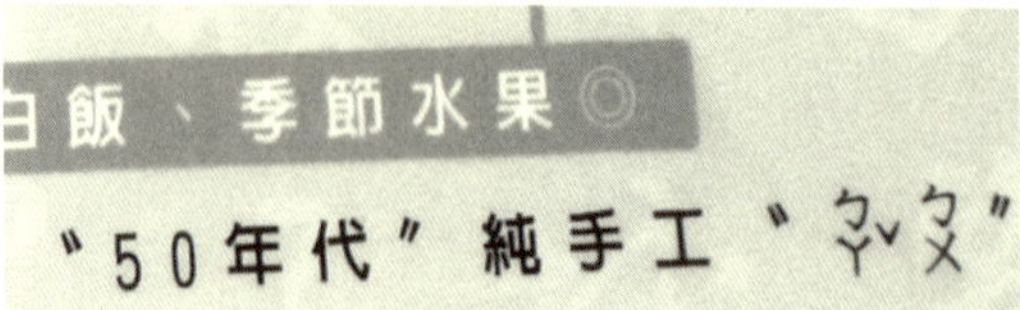

【写真2】

また屋台の看板に「Q」「QQ」などと書いてあります。日本語の「しこしこ」「きゅっきゅっ」（弾力のある食感）にあたる擬態語です。また台北駅付近には「K書中心」という施設があります。クーラー付きの自習室です。「K

書」は勉強、がり勉という意味で、啃書（ken shu）または看書（kan shu）からきているそうです。

次に、台湾語を表すのに、注音字母を使うこともあります。カタカナに見かけが似た文字で、子音と母音と声調を示します。【写真2】のメニュー末尾の注音字母は「バブ」と読んで、アイスクリームを売るときのラッパの音を表したものだそうです。台湾風アイスクリームの意味です。これはまだ食べていません。

このように、民衆の話しことば、台湾語（方言）は文字に記され、街角でも見られるようになりました。近年は台湾独立運動の波に乗って、台湾語をローマ字で表す動きもあります。これからの変化が楽しみです。

（井・152）

第三節　欧米の方言グッズ

●――外国の方言みやげ

方言を生かしたみやげものは、海外にもあります。海外旅行のついでにみやげもの店など丹念に回ると見つかります。

ドイツに行ったときにケルンに寄りました。駅のすぐ横が壮大なケルン大聖堂ですが、そこからすぐの観光案内所のショー・ウインドーを数人が見ながら笑い合っています。見ると商品がたくさん飾ってあって、ドイツ語らしい文が書いてあります。意味が分からないので聞いてみたら、ケルンの方言だと言って、英語になおしてくれました。「なるようになる」という意味のようです【写真】。昔の歌を思い出して、「ケセラセラ、なるようになる」と口ずさんで、その意味かと尋ねたら、相手も同じ年代、そのとおりの意味だと言って、一緒に合唱しそうな勢いです。

彼らが買わずに帰ったあと、じっくり見たら、ショー・ウインドーのかたわらにちゃんと標準ドイツ語と英語の訳が書いてありました。写真を撮り、傘やバッグだからかさばるという理由をつけて、買うのをやめました。売り上げには貢献しなかったわけです。二〇〇四年のことです。一九九〇年にはなかったので、ドイツでは方言みやげが人気を呼ぶようになったのでしょうか。

【写真】

英語の方言みやげも、いろいろあります。一九九〇年ころのイギリスだと、北部・中部の都市で見つかりました。二〇〇八年にヨークに行ったときには、みやげもの屋で聞きましたが、見つかりませんでした。二〇〇〇年ころのアメリカ南部では、南部なまりについての観光客向けの本が空港などで売られていました。オーストラリアではオージー英語の本や絵はがきや筆立てなど、様々なものが売られています。南太平洋の英語を使う島々でも売っていることがあります。

どれが方言を使ったみやげなのかは、その言語を知らないと分かりません。店員に聞くのがいいでしょう。イギリスの店員は熱心に探してくれたので、最初は感激していましたが、あとで売り上げを増やすためなら当然だと、人に言われて、感激しないことにしました。感謝はしますが。

イタリアでは現地生活の長い人が方言カレンダーを探しあてて送ってくれました。しかしこれまで世界五十か国ほどを訪れましたが、方言みやげの見つかった国は、欧米の数か国にすぎません。アジアでは気づきませんでした（でも見逃しもあるでしょう。教えていただけたら幸いです）。方言についての国民の意識が違うのでしょう。また観光客の関心にも差がありそうです。文字で細かい発音を表せるかという違いもあります。方言が言語経済学的に価値を持つかどうかは、簡単には定まらないようです。

なお外国の方言みやげについては、以下の本にも載っています。

井上史雄『変わる方言 動く標準語』（ちくま新書、二〇〇七年）

（井・12）

●世界唯一の方言チョコレート―リトアニアの方言区画

方言研究についての小さな国際会議がありました。三年ごとに開かれているので、前に会った人と再会して近況を報告しあうのも楽しみの一つです。二〇〇九年の開催地はスロベニアという、かつてのユーゴスラビアの北西の独立国でした。初日の休憩時間に、見覚えのある女性がにこやかに近付いて来て、「リトアニアの方言区画のチョコレートです」と言って、板チョコをくれました。LIETUVAと書いてある箱を見ると、地図の形のチョコレートは五個の地域に区切られていて、それぞれに名前が付いています。方言区画の地図はいくつかの国で市販されていますが、みやげもののチョコレートでは初めてです【写真】。

二〇〇三年のリトアニアでの国際会議のときに方言区画に関係する発表をし、また主催者たちに小さなみやげものを持って行ったのを、覚えてくれていたのでしょう。G. Kaciuskieneさんでした。

【写真】

幸いに日本の方言みやげが、ホテルに置いてありました。直前に札幌に行って、「とうきびチョコレート」を買っておいたのです。「標準語のトウモロコシを北海道ではトウキビと言って、それをみやげものの名前にも使っている」と書いて（口で言っても通じないからですが）、次の日にお返しに渡しました。

そのあとでチョコレートの箱の裏の説明をよく見たら、「歴史的な地域によって分割したリトアニアの地図」と書いてあります。日本からのほかの研究者に言ったら、「現在の学問的な方言区画とは違うのではないか」とケチを付けられてしまいました。女性からチョコレートをもらって舞い上がってはいけないと、さとす意図もあったのでしょう。でもリトアニアの方言の専門家が言うのですから、歴史的な地域は国民の方言区画の意識と一致するのでしょう。

一般人の方言意識は、昔の政治的領域に支配されるようです。例えば日本でも青森県の人は「南部弁と津軽弁は違う」と言い、実際に江戸時代の旧藩の違いが影響を与えています。愛知県でも古い国の区分を使って「三河と尾張は違う」と言うし、広島県でも「備後弁と（安芸の国の）広島弁は違う」と言います。ドイツの方言の違いも中世の封建国家や、さらに昔のゲルマン民族の支配地域と結び付けて説明されます。リトアニアのチョコレートも、民衆の方言区画の意識を示すものと考えていいでしょう。

だとすると今のところ世界唯一の方言区画チョコレートという貴重品です。冷蔵庫で永久保存すべきでしょうか？

（井・67）

●――イギリスの方言みやげ――ヨークとニューキャッスルの訛り

外国の方言みやげは、これまでいくつか紹介されました（182～183ページ「韓国の方言事情」、188～189ページ「外国の方言みやげ」、190～191ページ「リトアニアの方言区画」）。今回は英語の例をお見せします。一九八九年にイギリスで方言みやげを見つけました。いずれもイギリス（イングランド）北東部の、訛りがきつい地域のものです。

【口絵写真㉔】はヨークで手に入れたテーブルクロスです。「ヨークシャ方言」は有名です。単語や短文で訛った発音を示そうとしています。

【写真】はジョーディーGeordie方言のエプロンpinnyです。同じデザインのテーブルクロスもあります。ジョーディーというのは、タインTyne川流域ニューキャッスルの方言のことです。こちらも綴りを変えて発音の違いを示し、面白おかしいことを書いています。

方言みやげは、人々の意識を反映します。英語の訛りの強さは、イギリス（イングランド）の北のほうに際立ちます。これについての英語の論文の一つは、インターネットでダウンロードして読めますし、印刷もできます。English Papers by Fumio Inoueで検索すると出てきます。V章19b論文"Subjective dialect division in Great Britain"の167ページの地図で場所が分かります。また170ページのグラフで学生の意識が分かります。

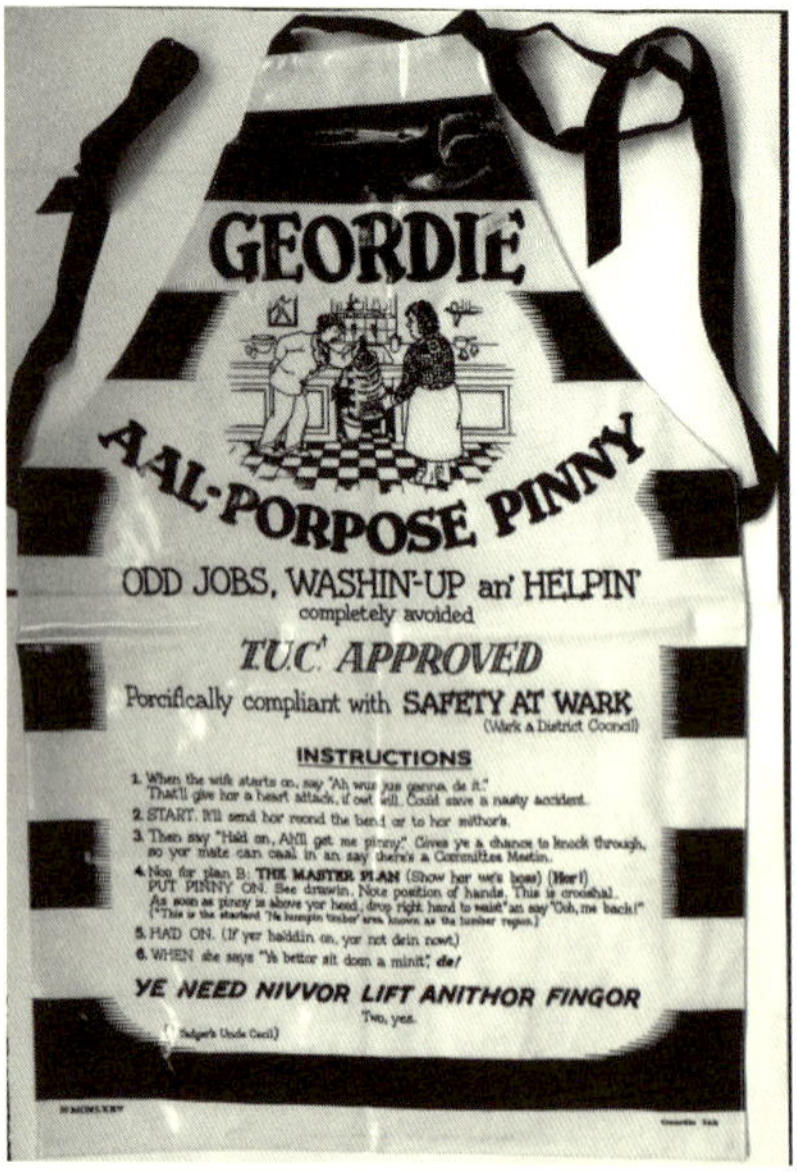

【写真】

実はEnglish Papers by Fumio Inoueは三省堂のウェブページから見ることができます。学術論文を探すには、Googleスカラー（Google Scholar）が便利で、またCiNiiやGeNiiも役立ちます。でもこの論文は今のところ検索されません。

日本で英語の本を出版しても、高くついて、一部の人しか（だれも？）買いません。インターネットで公開したので、無料配布と同じ効果があります。でもサービスしてくれた三省堂の人は「出版社としては複雑な気持ちだ」と言っていました。せめて三省堂のほかの本が売れるといいのですが。

（井・77）

イタリアの方言みやげ

これまで何回か海外の方言みやげを紹介しました。今回はイタリアです。何度か行く機会があって、みやげもの店などをのぞきましたが、見つかりませんでした。その後教え子がイタリアに滞在して見つけたのを、送ってくれました。

イタリア北西部（トリノ周辺）のピエモンテ方言のカレンダーです。表紙と十月を示します【写真】。

左上にotóberと書いてあります。イタリア語辞典に載っている十月はottobreで、八を指すラテン語octoの子音が単純化されたものです。オットと発音します。どうやらこの方言では短くなってオトと発音すると、見当がつきます。

細かい字の説明文の半分もピエモンテ方言で書かれているようです。イタリア標準語で書かれても、ド素人には分からないのですが、辞書に出ていないつづりで書かれていますから……。補助記号（文字飾り）で発音を表す工夫をしています。

イタリア語、フランス語、スペイン語、ポルトガル語とルーマニア語などは、ローマ帝国のラテン語からのちに分かれた言語で、ロマンス語と呼ばれて、お互いによく似ています。

イタリアは、中世の封建領主の力が強かったの

【写真】

で、方言差が大きくなったと言われています。

曜日の名もイタリア語とフランス語は似ています。曜日や月の名前はカトリック教の影響を受け、宗教的な命名が広がりました。国境を越えて隣国に広がったので、言語の境界と一致しない方言差が見られます。ヨーロッパ全体の「土曜日」の地図は、拙著『変わる方言 動く標準語』（ちくま新書、二〇〇七年）85ページに再録してあります。残り約百冊で絶版予定だそうです。新本がほしいならお早めに。もっともAmazonか何かで一円で出るのを待つ手もありますが。

ふと思いついて、インターネットでdialettoと入れて画像を検索してみました。イタリア語の方言についての画像が出るのを期待したのです。昔の方言絵はがきの画像が見つかりました。また最近のもありました。方言を使ったみやげ品や広告は、もっとあるに違いありません。今度イタリアに行く機会があったら、じっくり時間をかけましょう。


（井・122）

●——チェコ語の方言（ブルノ編）

チェコ（Czech Republic）の首都プラハから南東一八〇キロメートルに位置するブルノ（Brno）の方言を紹介します。チェコは、ボヘミア地方（西部）とモラビア地方（東部）に大きく二つに分けられますが、ブルノは、南モラビアの中心地として栄えた工業都市で、人口約四十万人です。

チェコ語の方言は、大きくボヘミア方言、モラビア方言、ハナー方言、ラフ方言の四つに分けられます。ボヘミア方言は、モルダウ川流域に栄えたドイツに接する西部地域に分布します。ブルノは、モラビア方言地域に属していますが、地図を見てみると、首都のプラハより、オーストリアのウィーンに近く、両都市間の距離は約一〇〇キロメートルです。

ハナー方言は、中央モラビアで話されていて、ゆっくりしたテンポでリラックスした感じの方言で、ラフ方言は、ポーランドに国境を接するシレジア地方のことばで、母音が短くかたい感じを与えます（http://hlavaczek.blogspot.com/2008/04/mapa-ne-r.html）。

ブルノ方言のことを、市民は、Hantec（地元言葉の意味）と呼んでいますが、Hantec のほうがチェコ語のもともとの形と音声をとどめているとベラ・フィアロバ（Věra Fialová）さんは言います。モラビア地方は、スラブ民族によって九世紀〜十世紀に大モラビア王国が形成されていました。その後、ドイツ人やユダヤ人、チェコ（ボヘミア）人が移住しました。第一次大戦まで、ハプスブルク家、オーストリア・ハンガリー帝国の支配下にあったので、ドイツ語が公用語であった時期もありました。民族復興とともにチェコ語が公用語になりましたが、首都プラハより、歴史を経てきて文化遺産の多いブルノのほうが、チェコ語のルーツを保持しているのです。

【写真】をご覧になると、ビールの泡の上にブルノの丘の上の教会がそびえています。"Staro Brno"（古いブルノ〕というビール会社の宣伝です。"ŠKOPEK〔ジョッキ〕,CO〔代名詞which〕,HODIL〔与えた〕,JMÉNO〔名前〕,ŠTATLU〔町の中心・旧市街〕"は、〔町の中心に名前を与えたビール〕という意味ですが、ブルノ方言で書かれています。標準チェコ語だと、"Pivo, co dal jméno centrum města"となります。

"denki ostravaka"〔追放された言葉で書いた日記〕という本が出版されていますが【W119-2】、方言で書かれた日記です。何冊かのシリーズになっています。一冊五十から六十ページの薄い本でしたが、百十コルナで日本円にすると約五百五十円です。

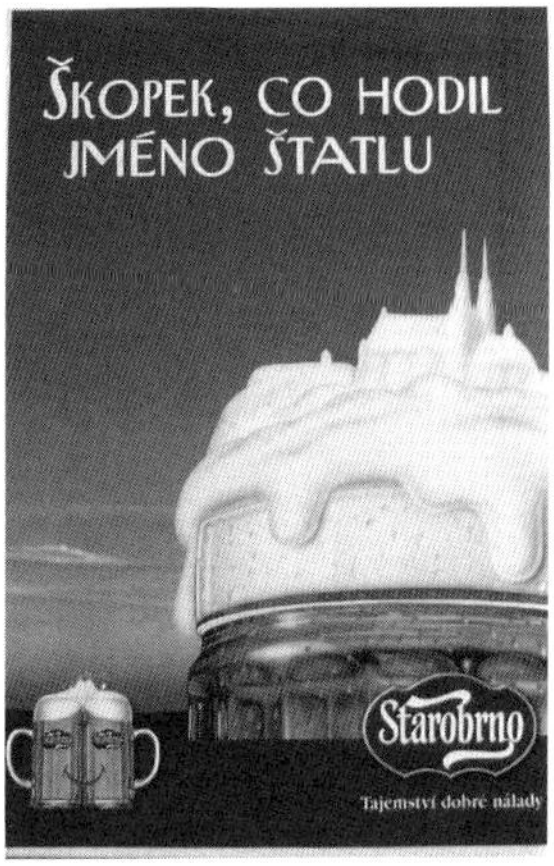

【写真】

記事を書くにあたってご協力くださったVěra Fialováさんと、Věraさんをご紹介くださった重盛千香子さんに厚く御礼申し上げます。

（山・119）

第二章　家でもできる方言調査

第一節　パソコン利用法

●――古株じゃん　新米じゃね

方言みやげを見ると、何が地元で有名なことばとされているかが分かります。ただあることばが実際に使われていても、方言みやげに登場するには、時間がかかりそうです。百年以上前から使われていた「じゃん」と近頃出てきた新方言の「じゃね」をくらべてみましょう。

静岡市に行きました。方言を使ったポスターなどが色々手に入りました。駅の地下街の飲み屋では「じゃん」を使った歌をテープで流していました。「じゃん　だら　りん」はお隣、愛知県三河地方の方言として有名で、米の袋などにもみられます【口絵写真㉕】。

「じゃん」の発祥地は山梨県と思われます。明治時代に甲府の方言文献に記録されているので、もう百年以上になります。長野県と静岡県には大正・昭和になって広がったようで、愛知県全体に広がったのはもう少しあとのようです。その後「じゃん」は横浜を経て戦後東京に入りました。

「じゃん」は関西を飛び越えて西日本各地にも広がりつつあります。広島県の観光キャンペーンでは「ええじゃん広島」をキャッチフレーズにしています【W27-2】。「わしじゃ」のように「だ」の意味で「じゃ」を使うから、なじみやすいのでしょう。

この古株「じゃん」にならって、最近出たのが「じゃね」です。東京付近の若者が使うのに、最近気づきました。いくつかの大学の知り合いに頼んでアンケートを集めたら、東北から関東にかけての男子学生がかなり使っています。

ゼミの受講学生に実際に発音してもらったら、どうも全体の調子に特徴があります。共通語と違って、栃木か茨城の「尻上がり」と言われるイントネーションに似ています。試しに「雨じゃね」と「飴じゃね」を言ってもらうと、同じになります。「雨」と『飴』を単独で言ってもらうと、区別があるのですが。また「降るんじゃね」と「晴れるんじゃね」も、最後に向けて高くなる調子で、「降る」の頭高のアクセントと、「晴れる」の中高のアクセントの区別がなくなって、全部平板になります。

貴重な現象なので、ゼミの学生の録音をとりました。ウェブ連載の第27回に掲載した表のスピーカーのマーク三つをクリックすると、東京都内と千葉県の若者の発音が聞こえるはずです。

古株の「じゃん」にくらべると、「じゃね」は新米の言い方で、こちらは土地の方言としてなじんでいません。若い人が使う言い方なので、パンフレットや広告などにも使われていません。これから百年経つと、土地のことばとして有名になるのでしょうか。生きて確かめることができないのが、心残りです。

なお「じゃね」については以下のエッセイでも取り上げました。

〈ことばの散歩道〉123「新方言じゃね」（明治書院『日本語学』二〇〇八年九月号）

（井・27）

●——方言コマーシャルの系譜とアクセントのアッパーライン（ルビによる上線）

方言の経済的な価値を考えるとしたら、テレビコマーシャルの方言活用が面白いテーマです。古い話ですが、「チカレタビー」が一九七五（昭和五〇）年の流行語になりました。中外製薬の栄養剤グロンサンのコマーシャルで、日本各地の「疲れた」という方言をシリーズにしたのですが、秋田県花輪のが面白いと、評判になりました。収録のときに、地元の人に何度も演じてもらいましたがうまく行かなかったそうです。スタッフがふざけてまねて演じたのが取り上げられたもので、いわばにせものの方言でした。

本物の秋田弁なら「ツカレタベー」と聞こえるのですが、母音の違いを強調して「チカレタビー（B）」に近く発音しました。流行すると増殖現象が起こって、「チカレタシー（C）」も登場して、〈疲れが激しい〉意味で使われました。

ちょうどそのころが方言の復権の時期でした。一九八〇年代にもときどき方言のコマーシャルがありました。その貴重な実例を、ウェブ連載の第42回に載せました。マークをクリックして、どうぞ。これは本や雑誌ではできない芸当です。

一九八六年ころの録音です。文字化すると次のような文章です。単語と発音に気を付けると、どこの方言かが分かります。その直前に各地の教育委員会に手紙を出して「暖かい」の全国地図を作りましたが、その実例が一本のコマーシャルで聞けました。家で寝ころんでも聞けるわけですから、いい時代になったものだと、感無量でした。

日本中のかたこりさん、ハリックスゴーゴーにあったかーい温感タイプが出ましたー。

あったかいがねー（愛知）

のごいすな（青森）

ぬくいわ（京都）
ぬっかー（鹿児島）
ハリックスゴーゴーは血行をよくし、あったかーい貼りごこちで、肩こり腰痛などをやわらげます。（後略）

ところで右の文字化では、アクセントの高いところを傍線で示しました。これは縦書きならではの方法ですが、ワープロソフトで横書きのときも示すことができる「秘法」があります。

昔は、縦書きでアクセントを示すには、高いところに傍線を引いていました。ところがこれを横書きにすると、ワープロの文書では下線になってしまいます。横書きでアクセントの高いところを示すには、従来の慣習どおり、上線（アッパーライン）を使いたいところです。

雑誌『日本語学』の連載で、〈ワープロソフトの「一太郎」ではアッパーラインを引けるが、ワープロソフトの「ワード」では引けない〉と書きました。その後NHK放送文化研究所のSさんからメールがあって、〈「ワード」でもルビを使えば上線を引ける〉と教わりました（明治書院『日本語学』二〇〇九年三月号、四月号〈ことばの散歩道〉130〜131）。なるほどそのとおりでした。以下に実例をあげましょう。

ワープロソフトのルビ（振り仮名）機能を使うには、アッパーラインを付ける文字を指定したあと、「ワード２００７」「ワード２０１０」なら「ホーム」の○で囲んだ箇所（ア亜）をクリックしてください【図１】（次ページ）。「ワード２０００」「ワード２００３」などでは「書式」から「拡張書式」のなかにある「ルビ」を選択してください【図２】。【図３】のような画面が出ますから、一文字につき横線（ダッシュ「―」）二本をルビとして設定すると、ちゃんとアクセントのための上線になります。

共通語（東京）アクセントでは、どこから低くなるかが重要です。そして最初の一拍はふつう低く発音されます。しかし全国の方言が共通語と同じ規則性を持つわけではありませんから、実際にどこが高く発音される

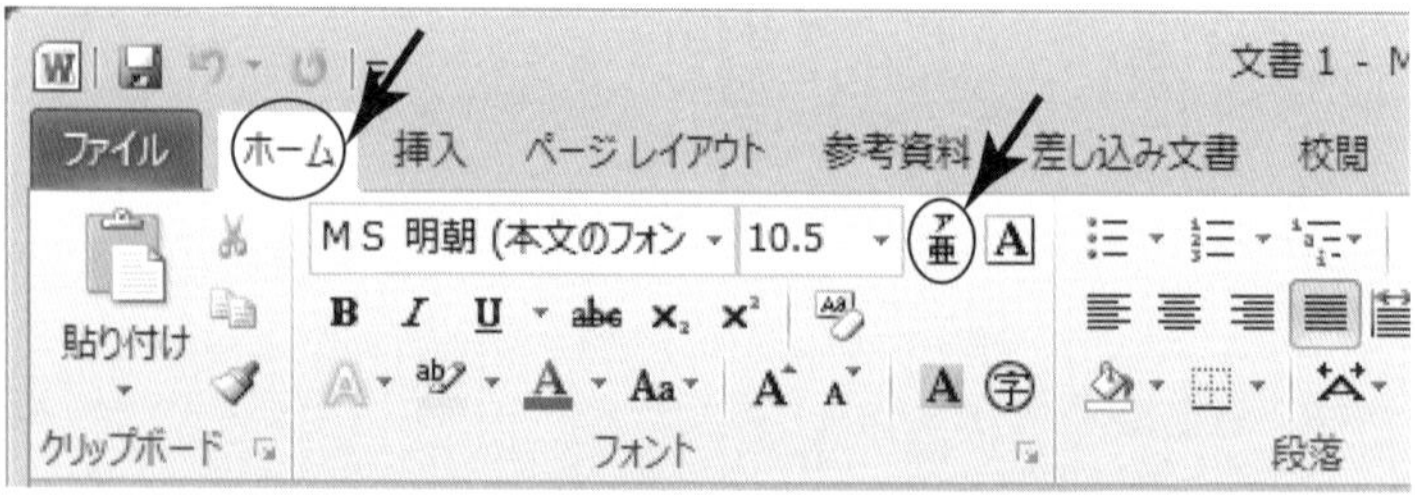

【図１　ワード 2007、2010 などでは「ホーム」の○で囲んだ箇所を選択する】

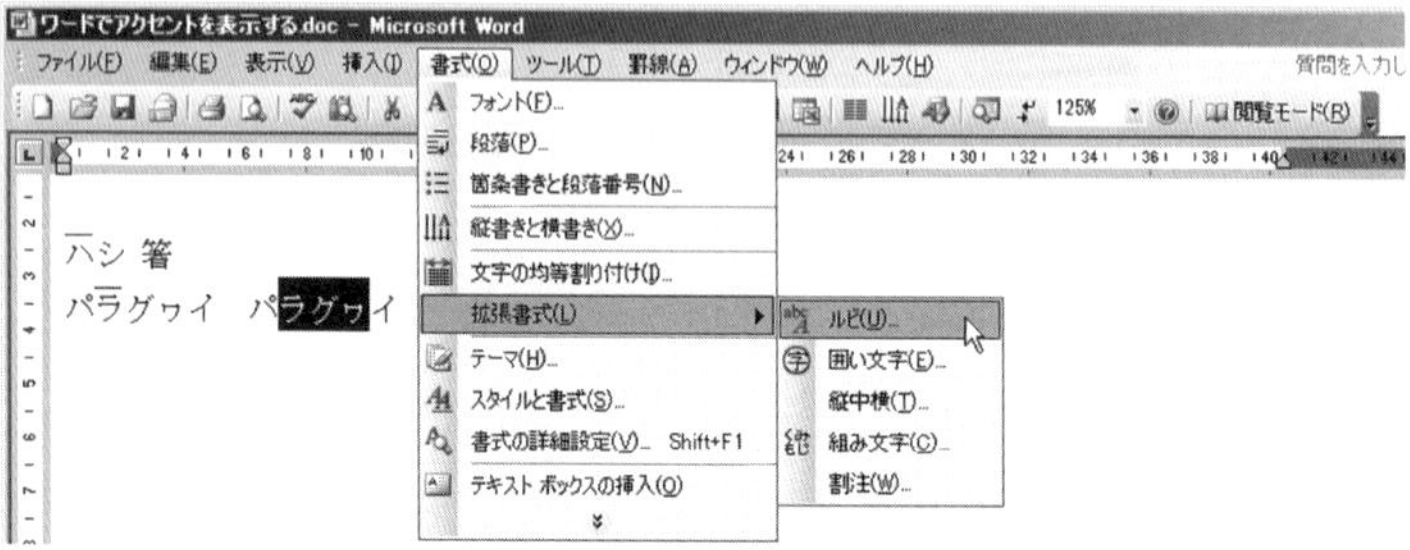

【図２　ワード 2000 などでは「書式」＞「拡張書式」＞「ルビ」を選択する】

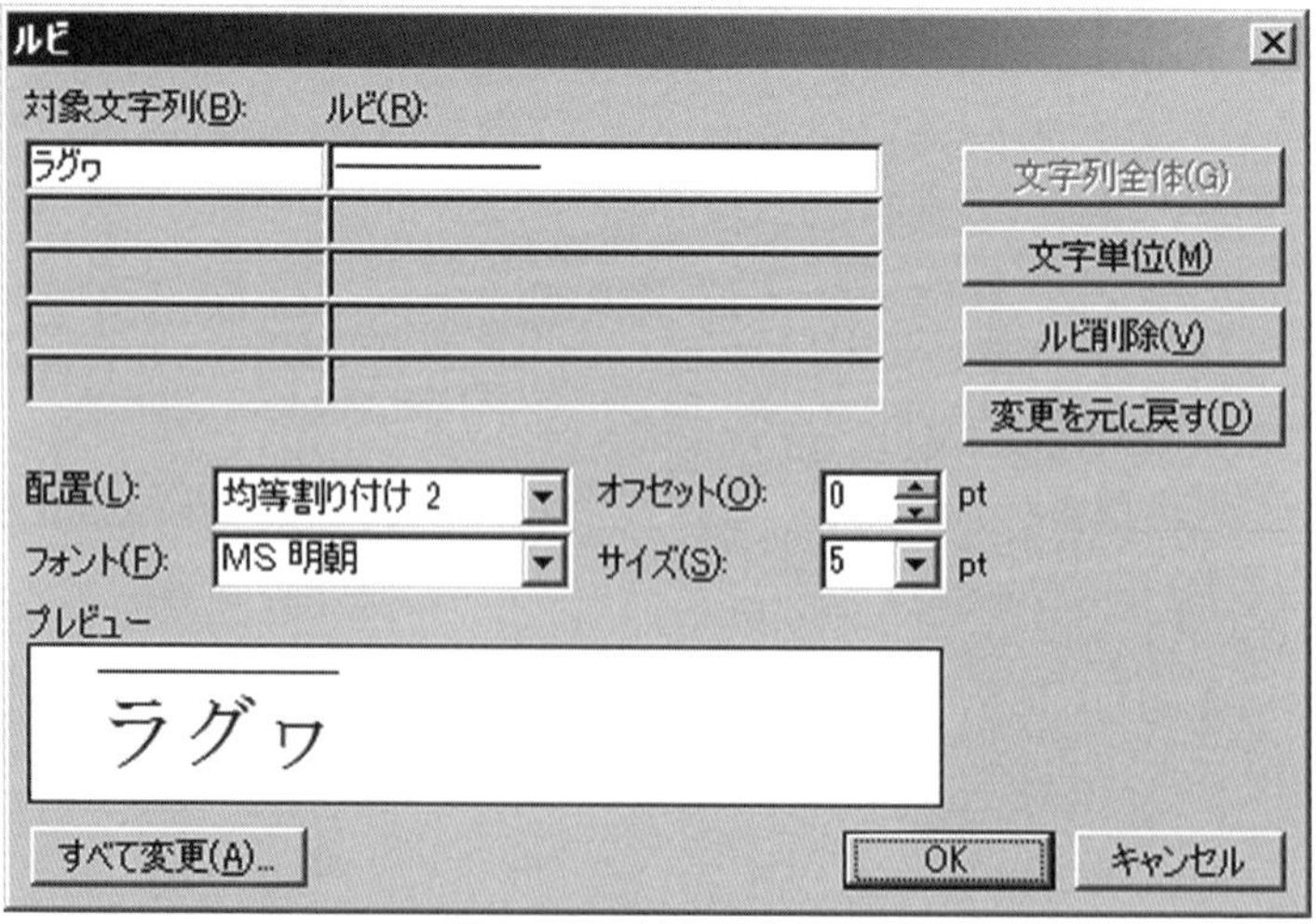

【図３　一文字につきダッシュ（—）２本をルビとして設定する】

かを、線で忠実に示すほうがいいでしょう。少し高いとか大変高いとかを、点線や太線を使って区別することもできます。

「秘法」をインターネットで公開したら秘法でなくなりますが、お役には立ちます。楽しいだけでなく実用として役立つ文を、これからも心掛けます。

ワードによるアッパーラインの引き方が、以上の説明で分からなかった方は、まずヘルプ機能を活用して、ルビ（振り仮名）の付け方を、練習してください。そのあと、ルビ（振り仮名）の文字の代わりに線を入れてみてください。

（井・42）

第二節　インターネット調査法　鳥の目図

●——勧誘・もてなしの方言「なんしょ」のGoogleマップ全国分布

長野県のもてなしの方言には見覚えがあります。Googleマップで調べました。「なんしょ」を引くと、まずその名の店が出ます【図】。左の例をよく読むと、クチコミの使用例が多く、東京付近では「なのでしょう」を縮めた「なんしょ」が使われ、関西では「何しよる」の変化「なんしょん」が使われます。この際無視しましょう。もてなしの方言の「おいでなんしょ」や「〜てくなんしょ」は、長野県南部以外に、福島県と九州の一部で使われていると、分かりました。

似た言い方の「らんしょ」のGoogleマップ日本分布図をみると（井上史雄「Google言語地理学入門 Introduction to Google Linguistic Geography」『明海日本語16』二〇一一年）、福島から静岡にかけてで、使用地域はやや狭いです。

日本語の歴史をみると、①古代には目上にも目下にも動詞の命令形を使っていました。②中世に目上に動詞の敬語の命令形を使うようになり、③今は「てください」「てもらえませんか」などを付けた、長い間接的な表現が使われます。「なんしょ」は、②の敬語の命令形で、古い言い方が方言に残ったものです。店や施設で人を呼び込むための表現として、各地でこの類の方言が再活用されています。勧誘・もてなしの方言も、全国を見渡し、日本語の歴史とからめると、新たな位置づけができます。

Googleマップで、日本中、世界中のことばの使い方が分かります。Googleマップの活用法は206〜207ページに、活用例は208〜209・214〜216ページに出ています。

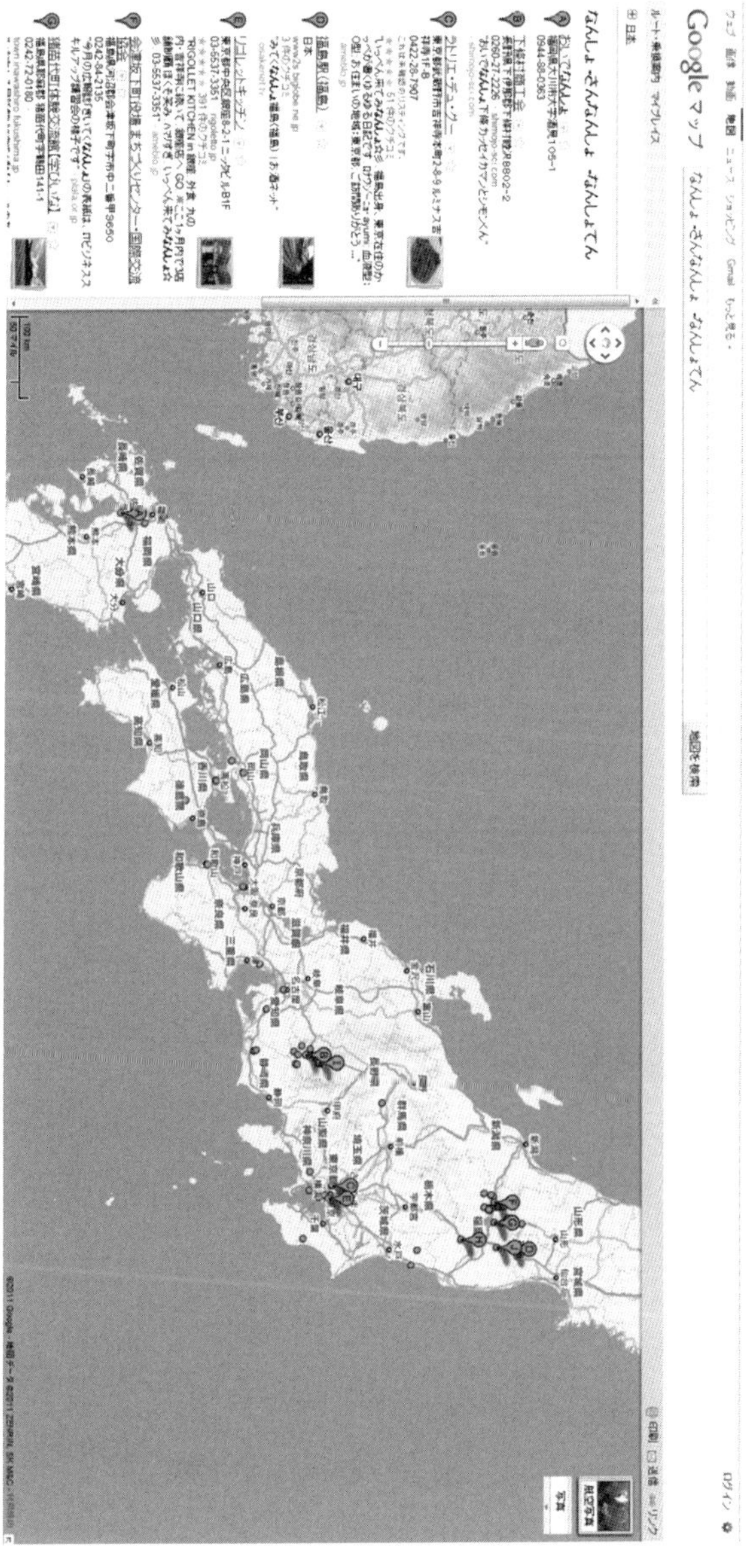

【図】

（井・157）

Googleマップで見る関西弁の世界進出

今回は視野を広げて、方言について全世界を見渡す新手法を紹介します。Googleマップを使うと、単語のグローバルな分布が地図上に示されます。

【図】は関西弁のお礼のことば「おおきに」の世界地図です。Googleマップでアルファベット〝okini〟で検索すると、国外の使用例も地図上に示されます。世界各地で〝okini〟という関西弁が使われていることは驚きでした。

ただし図のような形で世界言語地図を出すには、ちょっとした知恵が必要です。まずGoogleマップを検索して、パソコンの画面に出します。左上の「Googleマップ」と書いてある空欄にokiniを入力して「地図を検索」をクリックします。たいていは狭い地域（場合によっては一軒の店）が地図上に出ます。地図左上の温度計のようなマークを下におろすと、アジア全体になり、世界全体の地図になります。

また左側の店名一覧をスクロールして、末尾を出して、「okini の検索結果をすべて表示（369件）」を

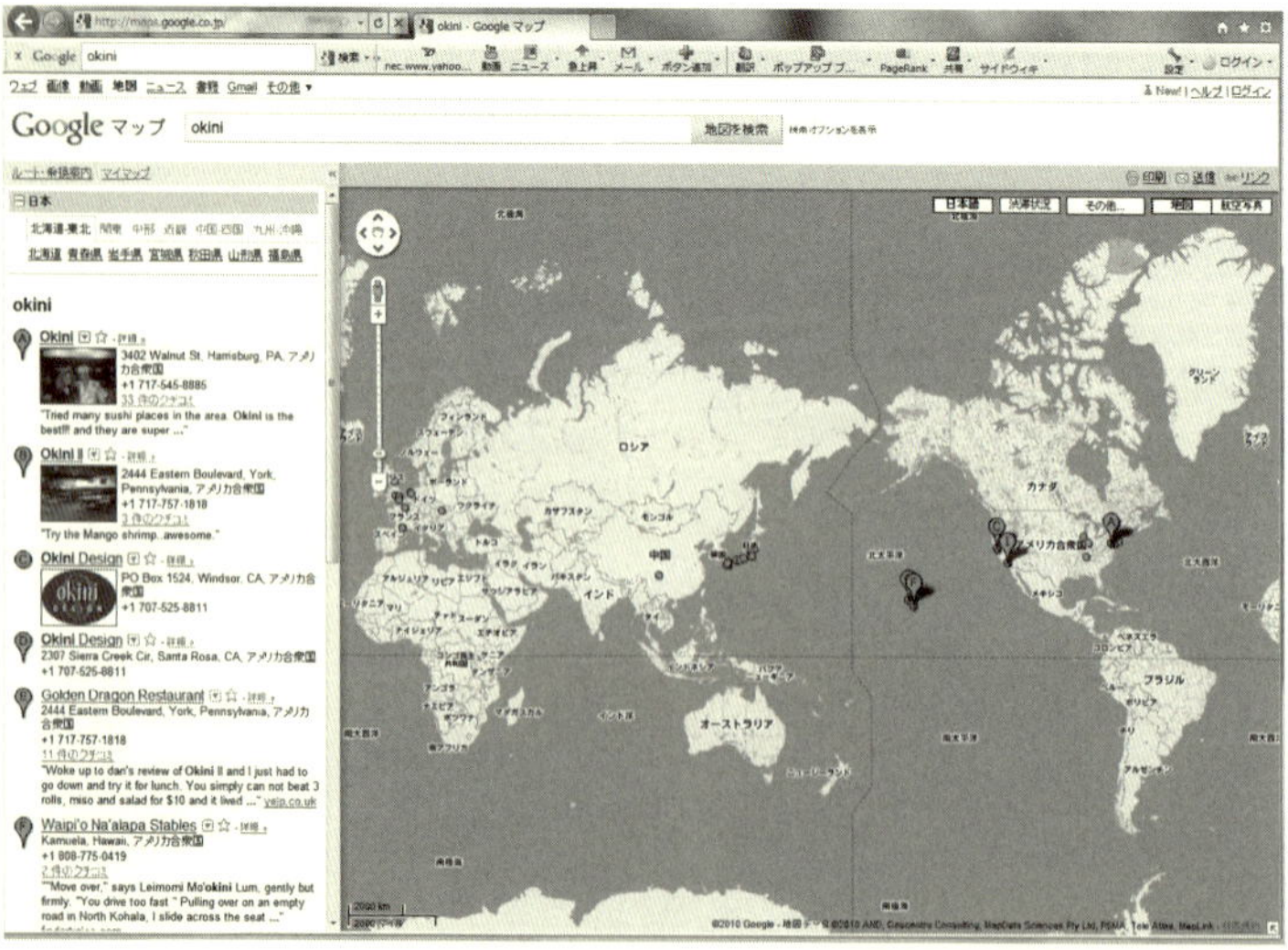

【図】

クリックすると、他の店も地図に表れます。〃okini〃は店の名前ではなく、その店についてのクチコミや書き込みなどで使われていることもあるので、用心が必要です。

Googleマップの画面の保存には、次の技法を使います。

①保存したい地図を画面一杯に出して、PrintScreen（キーボードによってはPrtScr、PrtScrn、PRTSCRなど）というボタンとCtrl（または同じ色）のボタンを同時に押します。

②次にワード（かワードパッドかエクセル）を開きます。そして「ホーム」の「貼り付け」を押してください。

③適当な名前を付けて保存してください。

Googleマップを使うと、単語の世界地図が数分でできます。これまで数百枚を作りました。ただ、地図に出す広さを変えたりすると、出る情報が違ったりします。みなさんも試してみてください。色々なことばを入れて検索すると、変わった言語地図ができます。ある語について、世界最初の言語地図を作ることになるでしょう。そして結果を教えてください。

なお雑誌『日本語学』二〇一〇年十一月号のエッセイ「日本語の世界分布図」には、dojo〔道場〕の地図が載っています。

（井・127）

●——Googleマップによる〝モータープール〟の世界分布

今回も、日本の方言について全世界と関連づけうる新手法を紹介します。インターネットのGoogleマップを使うと、言語地図が簡単に作れます。

【図1】はGoogleマップを呼び出して、〝モータープール〟というカタカナで検索したときの日本地図です。関西にたくさんバルーンがあります。「モータープール」は駐車場の意味で、大阪付近で看板をよく見かけます。このシリーズのメンバーの日高さんが一九七九年に詳しく報告しました。他の地域だと「月極駐車場」または「月決駐車場」と書くところです。

県単位、地方単位の地図にすると、もっと多くのバルーンが出ます。丹念に地域をずらして地図を保存すると、全国で使われていることが分かります。場所の説明を読むと、会社の業務用の車置き場の名前にも使われることが分かります。自衛隊でも使うそうです。さらに、Yahooなどで〝モータープール〟と入れて「画像」を検索すると、施設や場所の写真があり、実態が分かります。

戦後まもなく作られた米軍の東京地図を見たら、大手町にmotor poolがありました。アメリカ陸軍の用語で、士官がジープを共用するための駐車場の意味でした。それが日本各地で、生き延びたのです。

ふと思いついて、Google maps（アメリカ版）でアルファベットの〝motor pool〟を入れて、世界地図レベルで検索しました。【図2】のように、みごとにアメリカに集中分布します。またフィリピン、オーストラリア、ヨーロッパ、アフリカなど世界各地に点在します。アメリカ軍の配置と関係がありそうにも見えます。国内の気づかない方言が、意外に世界全体の違いに対応しているのです。

皆さんも思いついた単語の言語地図を作ったらいかがですか？　そして結果を教えてください。なお付図のような形で地図を出す知恵について、また Googleマップの画面の保存については、206～207ページ「Googleマップで見る関西弁の世界進出」をご覧ください。

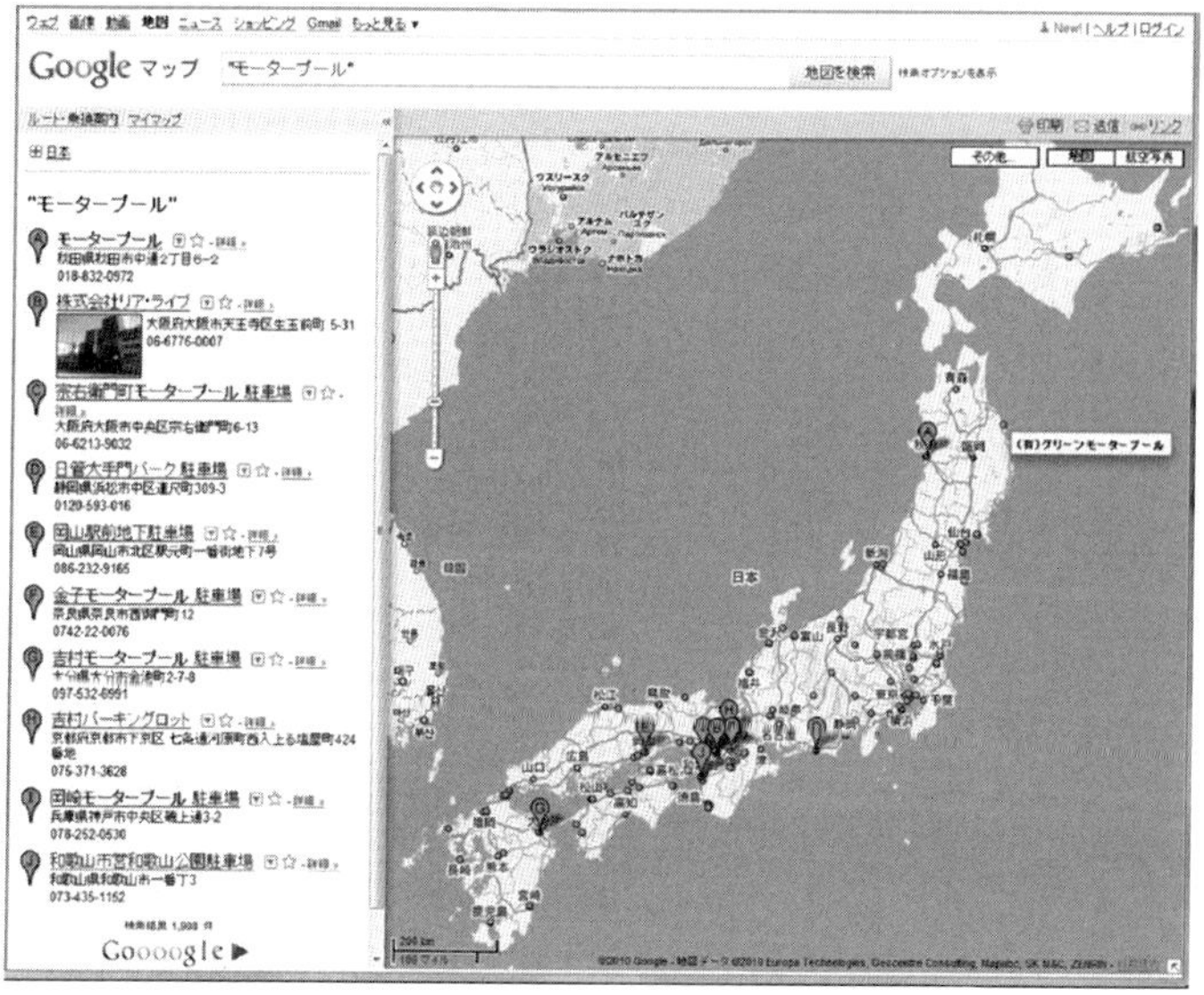

【図 1】

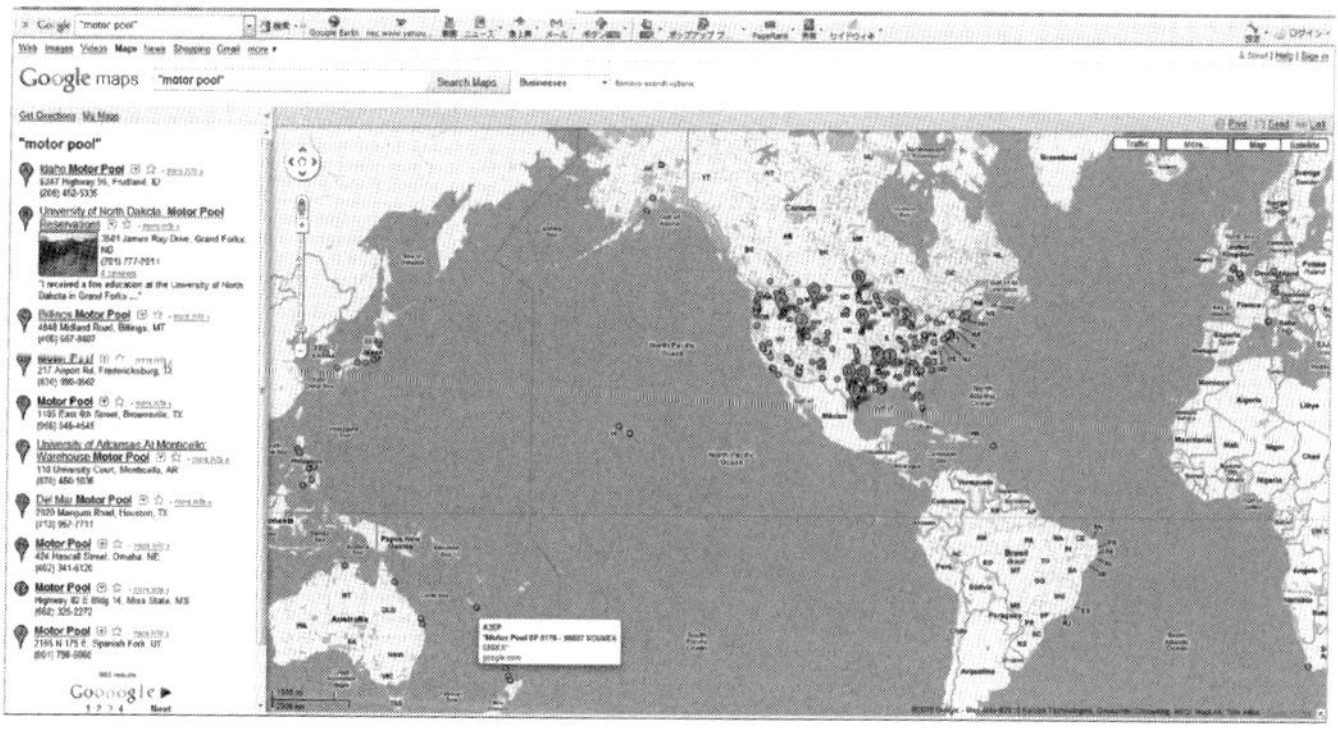

【図 2】

（井・132）

第三節　インターネット調査法　魔女の目図

●――「ザンギ」のGoogleインサイト全国分布

ザンギは北海道特有で、「鶏唐揚げ」のことです。二〇一〇年に某ファストフードでザンギバーガーのセールをやっていました。

全国の使われ方を見るには、Googleインサイト（Google Insights for Search）が便利です。【図】のように、全国地図が県別で出て、ザンギが北海道に多いことが分かります。また、使われ方の変化も折れ線グラフに出ます。少しずつ増えて、二〇一〇年秋に急に増えたのが分かります。過去と未来が見えるのですから、魔女の目のようなものです。

Googleインサイトは方言調査の新手法です。方言差があるか気になることばを検索すると、すぐに地図が出ます。世界地図も作れます。面白い地図が多すぎて、公表の機会が追いつきません。検索で使われたことばのデータなので、よく使われる言い方でないと方言地図が出ないのが難点です。

Googleインサイトの使い方は、以前に紹介したGoogleマップとほぼ同様です。Googleマップの使い方は206～207ページに、活用例は204～205・208～209・214～216ページに出ています。また以下の論文にも載っています。

井上史雄「Google言語地理学入門　Introduction to Google Linguistic Geography」『明海日本語16』二〇一一年

（井・162）

《注》Googleインサイトは二〇一二年九月にGoogleトレンドに統合されています。

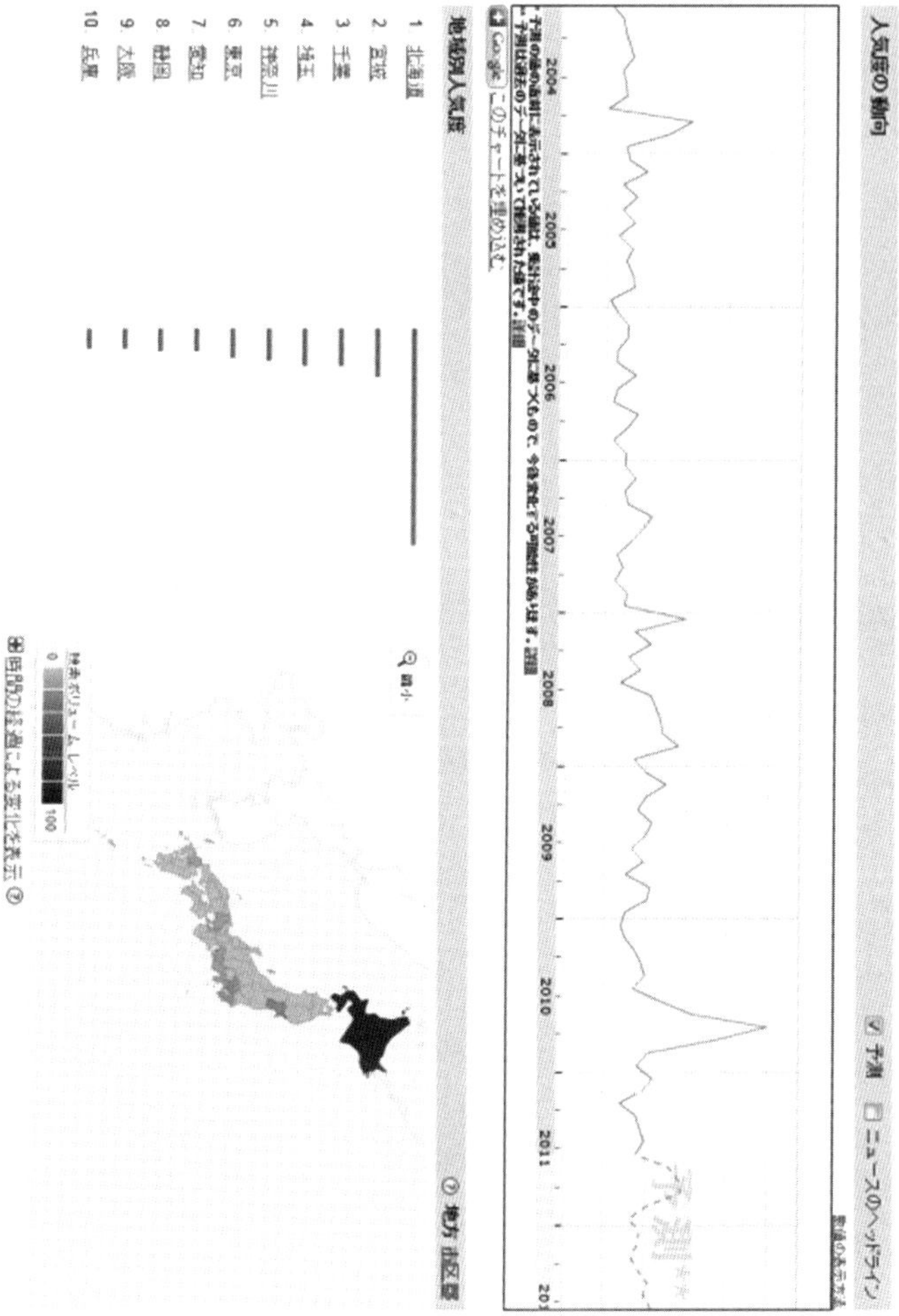
ウェブ検索の人気度: ザンギ
日本, 2004 年 - 現在
カテゴリ: 食品と飲料 (25-50%), ゲーム (10-25%), 地域 (0-10%), エンターテインメント (0-10%)
人気度の動向
予測
ニュースのヘッドライン
2004
2005
2006
2007
2008
2009
2010
2011
予測
地域別人気度
1 北海道
2 宮城
3 千葉
4 埼玉
5 神奈川
6 東京
7 愛知
8 静岡
9 大阪
10 兵庫
地方
縮小
検索ボリューム レベル
0
100
時間の経過による変化を表示

【図】

●Googleインサイトによる「キャンディーバー」と「チョコレートバー」―英語の世界的方言差の活用

アメリカ英語とカナダ英語の違いについての発表がありました。その一語についてGoogleインサイトで世界地図を作ってみました【図】。発表のとおり、アメリカでは〝candy bar〟が多く、カナダでは〝chocolate bar〟が多いのですが、実は世界的な差で、アメリカ英語とイギリス英語の違いだと分かりました。

　また画面左上の折れ線グラフで近年の使われ方を見ると、〝candy bar〟が減って、二つの言い方の線が近づいています。ただし将来予測としては〝chocolate bar〟が衰えるように読み取れます。

　Googleマップでも世界地図を作りました。店の写真で、店名に活用されていることが分かります。

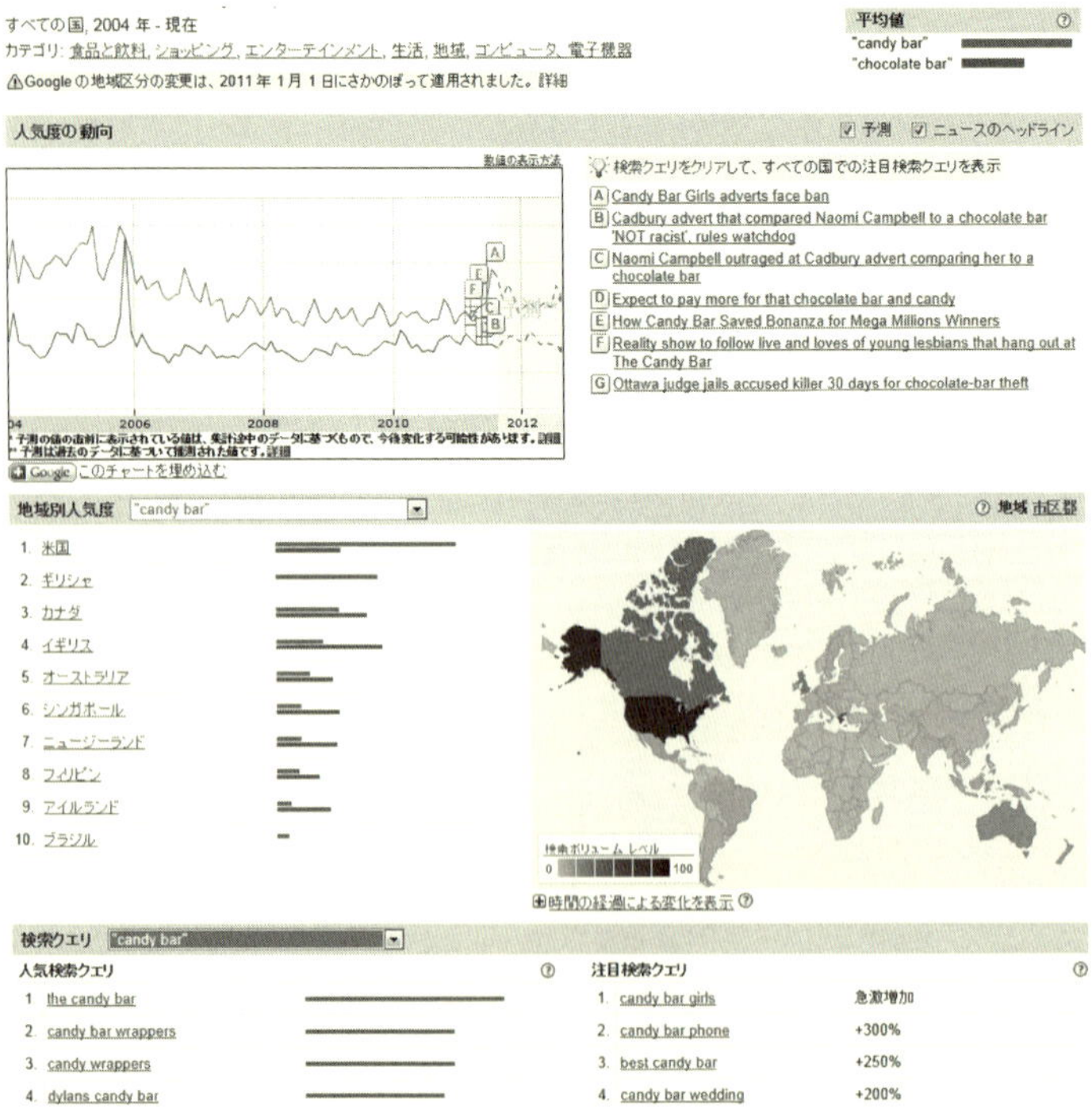

【図】

Googleストリートビューに飛ぶと、町並みも見えます。また〝Candy bar girls〟というイギリスの女性タレントグループが最近売り出したようです。アメリカ英語的な言い方を活用したわけです。

ただ用心が必要です。インターネットで画像を検索すると、実物が違います。〝chocolate bar〟では、板チョコの写真が出ます。一方〝candy bar〟では、キャンディーが出ます。

インターネットを上手に使うと、世界の方言差が分かります。Googleインサイトの説明は、以下にあります（http://www.google.com/insights/search/）。

Googleインサイトの活用例は210～211ページ、Googleマップの使い方は206～207ページに出ています。また以下の論文もあります。

井上史雄「Google言語地理学入門 Introduction to Google Linguistic Geography」『明海日本語16』二〇一一年

（井・167）

●——スペイン語の世界的方言差（地下鉄）

アルゼンチンの鉄道の歴史は、中南米ではもっとも古く、一八五七年頃イギリスの技術を導入して、フェロカリル・オエステ（Ferrocarril Oeste〈西鉄道〉）が敷設されたと言われています。ちなみに日本の鉄道の開通は、一八七二年の新橋―横浜間が最初です。

一九一三年にアルゼンチンのブエノスアイレスで地下鉄A線（Subte de Buenos Aires）が開通したとき、スペイン本国に地下鉄はまだ存在しませんでした。アルゼンチンでは、「鉄道」の〝ferrocarril〟との区別が必要になって、〝subte〟（スブテ）としました。〝subte〟は、Googleマップでは、アルゼンチンを中心に分布しています（二〇一一年四月二十六日現在、以下のマップも同日【図1】）。

もともと〝subte〟は、〝subterráneo〟の略称で、〝sub-〟は、「下」という意味の接頭辞、〝terráneo〟は「地面」です。

スペイン語の〝metro〟（地下鉄）は、アルゼンチンの〝subte〟開業から六年後にスペイン本国（一九一九年・マドリード地下鉄）で採用されました。Googleマップ【図2】では〝metro〟の使用度数（二九、七七四、九二五件）は、〝subte〟（一、一五〇件）

【図1】

にくらべて非常に高く、英語圏・フランス語圏・スペイン語圏などで用いられています。「地下鉄」以外の喫茶店やホテル、通りの名前などにも使われます。

〝metro〟は、地下鉄が世界ではじめてイギリスで開通（一八六三年）したことと関係があります。イギリスでは、メトロポリタン鉄道会社が、蒸気機関車だったので、吹き抜けトンネルのような構造の地下鉄をロンドンに作りました。一九〇〇年にパリ万博にあわせてパリ市内に地下鉄ができたとき、「メトロポリタン」（語源は、ギリシャ語の〝metropolis〟大都市）を、フランス語訳（métropolitaine）し、短くして「メトロ」（〝Métro〟）としました。それが世界に広まったとされています。

日本では、二〇〇四年に帝都高速度交通営団の民営化にともない、東京地下鉄と改称し、「東京メトロ」の愛称で呼ばれるようになりました。

世界に先がけて地下鉄を走らせた老舗のイギリスでは、「メトロ」という呼びかたは、一般的でなく「アンダーグラウンド」、通称「ザ・チューブ」（the tube〔管〕）と呼んでいます。

「アンダーグラウンド」も「地下鉄」も〝subte〟も、地上を走る部分があれば、名前と一致しないことになります。「母、大

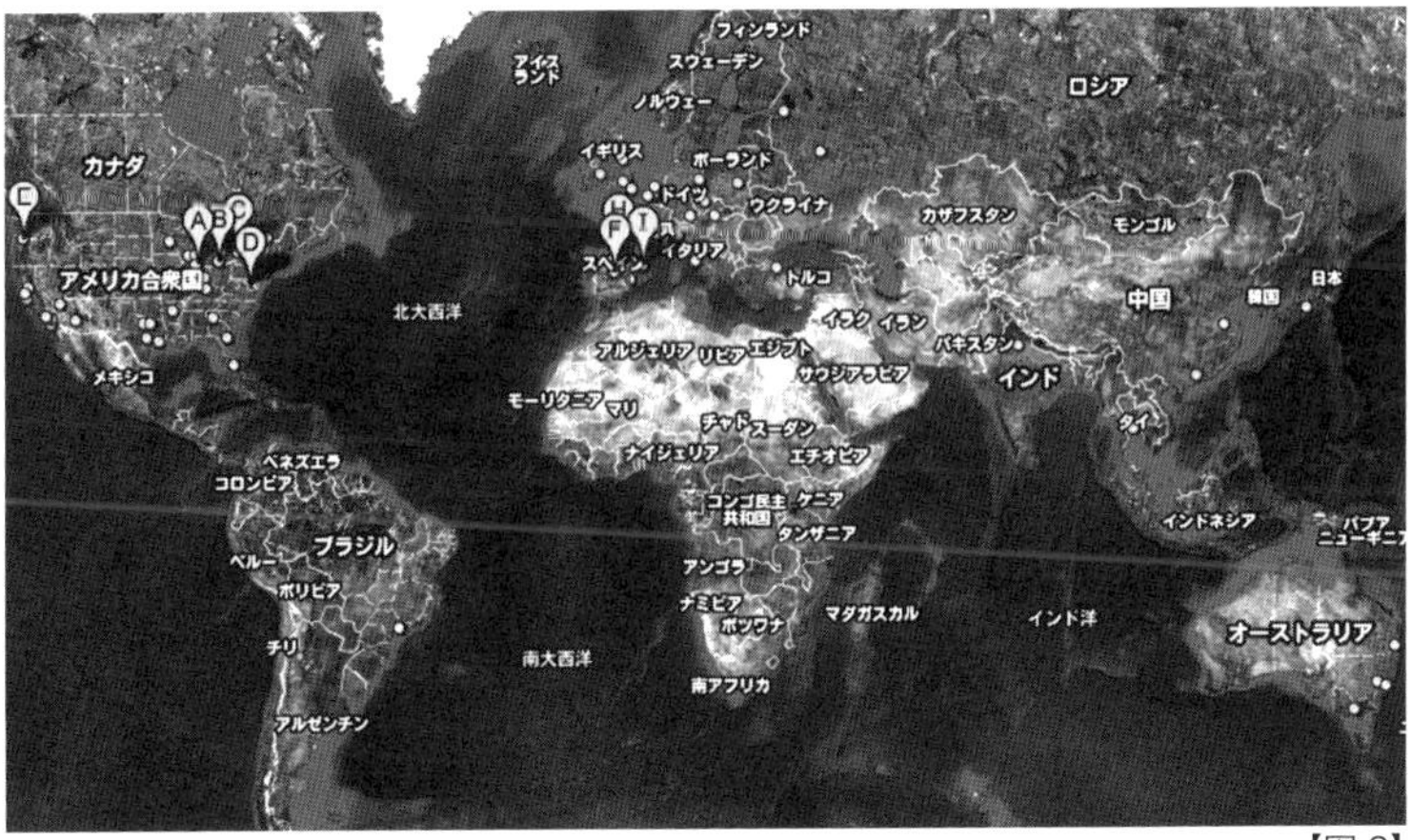

【図2】

」を語源にする〝metro〟にはこの矛盾が起こりません。Wiktionaryによると、世界の多くの言語で「メトロ」は「地下鉄」の意味で使われています。スペイン語圏における、南アメリカとヨーロッパの大きな方言差もこの反映なのです。

（山・154）

《参考ウェブ》

http://www.uraken.net/world/wrail/wrai53.html

http://www.tfl.gov.uk/modalpages/2625.aspx

あとがき

この本を読んで、どんな印象と感想をお持ちになったでしょうか？

「方言」はその土地その土地の、なくてはならない、毎日の暮らしのことばです。その土地の人どうしであれば、自分の思いを、飾らず気取らず、率直かつ端的に、きめ細かく表現できますが、その土地出身でない人にとっては、「ン!?」「何だ？」や「エ〜ッ！」の連続かもしれません。それが方言ならではの持ち味であり、楽しさでもあり、また同時に難しい点でもあります。

この本で取り上げられている例を見ていると、その「方言」の持つ特性を巧みに活かして、地域らしさや、方言ならではの面白さや表現力、バイタリティーをしっかりアピールしようと工夫したものばかりです。

これまで、「方言絵はがき」「方言のれん」「方言番付」「方言手ぬぐい」などは各地にあって、お馴染みの「方言グッズ」の代表的なものでしたが、最近はそういうものは減少傾向にあり、現在は方言の活かし方、活用法も多彩になってきています。

本書で紹介した事例は大変バラエティーに富んでおり、「へぇ、こんな活用法もあるのか」とか「なるほど、こういうところにも、こんな形で方言が活かされているのか」と思うものがたくさん並んでいました。

東日本大震災の爪痕は深く、被災地では復興に向けて連日懸命の努力が続けられています。国内はもとより、世界各国からも応援・支援の手が差し伸べられていますが、その際、復興への強い決意や熱い思いを、共通語ではなく、その土地の方言で力強く表現した事例が数多く登場しています。

これは、今回初めて出てきたものではなく、一九九五年の阪神・淡路大震災のときにも「がんばろや、神戸！」など、いくつも見られましたし、二〇一〇年の宮崎県の「口蹄疫」禍のときにも、方言での決意表明や応援エールがありました。

もちろん共通語でも、同じ趣旨のことは表現できますが、やはり当事者にとっては、自分たちの暮らしのことば＝方言のほうが、いっそう説得力を持ってアピールできる力を持っているからです。方言は「本音のことば」だとも言えます。

これからも三省堂ウェブサイトに連載は続きます。より多様で興味深い事例を探してご紹介していきたいと思っています。皆さんも、身の回りを見渡していただくと、様々な活用法があることに気づかれることでしょう。探す楽しみ、見つける喜び、……。「方言」の持つ魅力を、これからもいっしょに探っていきませんか？

著者一同

二〇一三年　九月

用語・その他

媒　体

◉索引

地域・地方・方言

◉著者プロフィール

井上史雄（いのうえ・ふみお）

明海大学・国立国語研究所客員教授。博士（文学）。専門は、社会言語学・方言学。研究テーマは、現代の「新方言」、方言イメージ、言語の市場価値など。
履歴・業績 http://www.tufs.ac.jp/ts/personal/inouef/
英語論文 http://dictionary.sanseido-publ.co.jp/affil/person/inoue_fumio/
「新方言」の唱導とその一連の研究に対して、第13回金田一京助博士記念賞を受賞。著書に『日本語ウォッチング』（岩波新書）、『変わる方言 動く標準語』（ちくま新書）、『日本語の値段』（大修館）、『ことばの散歩道』『言語楽さんぽ』『計量的方言区画』『社会方言学論考』『経済言語学論考』（以上、明治書院）、『辞典〈新しい日本語〉』（共著、東洋書林）などがある。

大橋敦夫（おおはし・あつお）

上田女子短期大学総合文化学科教授。上智大学国文学科、同大学院国文学博士課程単位取得退学。専攻は国語史。近代日本語の歴史に興味を持ち、「外から見た日本語」の特質をテーマに、日本語教育に取り組む。共著に『新版文章構成法』（東海大学出版会）、『長野県方言辞典』（信濃毎日新聞社）、監修したものに『3日でわかる 古典文学』（ダイヤモンド社）、『今さら聞けない！ 正しい日本語の使い方【総まとめ編】』（永岡書店）がある。

田中宣廣（たなか・のぶひろ）

岩手県立大学宮古短期大学部准教授。博士（文学）。日本語の、アクセント構造の研究を中心に、地域の自然言語の実態を捉え、その構造や使用者の意識、また、形成過程について考察している。東京都立大学大学院人文科学研究科修士課程修了。東北大学大学院文学研究科博士課程修了。著書『付属語アクセントからみた日本語アクセントの構造』（おうふう）、『近代日本方言資料［郡誌編］』全8巻（共編著、港の人）など。2006年、『付属語アクセントからみた日本語アクセントの構造』により、第34回金田一京助博士記念賞受賞。『Marquis Who's Who in the World』（マークイズ世界著名人名鑑）掲載。

日高貢一郎（ひだか・こういちろう）

大分大学名誉教授（国語学・方言学）。宮崎県出身。これまであまり他の研究者が取り上げなかったような分野やテーマを開拓したいと、“すき間産業のフロンティア”をめざす。「マスコミにおける方言の実態」（1986）、「宮崎県における方言グッズ」（1991）、「「〜されてください」考」（1996）、「方言の有効活用」（1996）、「医療・福祉と方言学」（2002）、「方言によるネーミング」（2005）、「福祉社会と方言の役割」（2007）など。

山下暁美（やました・あけみ）

明海大学外国語学部・大学院応用言語学研究科教授。東京外国語大学大学院博士課程修了。博士（学術）。専門は、日本語教育学・社会言語学。研究テーマは、言語変化、待遇表現、日本語教育政策。著書に『書き込み式でよくわかる 日本語教育文法講義ノート』（共著、アルク）、『海外の日本語の新しい言語秩序』（単著、三元社）、『スキルアップ日本語表現』（単著、おうふう）、『解説日本語教育史年表（Excel年表データ付）』（単著、国書刊行会）など。

Word-Wise Book

Word-Wise Bookとは

三省堂の辞書総合ウェブサイトSanseido Word-Wise Web（三省堂ワードワイズ・ウェブ）は、三省堂の国語辞書・英語辞書・諸外国語辞書に関連する最新情報をタイムリーにお届けするほかに、ことばと辞書周辺のちょっと役に立つ情報を掲載しています。そうした連載から生まれた本がWord-Wise Bookです。

三省堂ワードワイズ・ウェブ
http://dictionary.sanseido-publ.co.jp/wp/

装丁・本文デザイン―― 下野ツヨシ（ツヨシ＊グラフィックス）

魅せる方言
地域語の底力

2013年11月20日　第1刷発行

著者　井上史雄・大橋敦夫・田中宣廣・日高貢一郎・山下暁美

発行者　株式会社 三省堂　代表者 北口克彦

印刷者　三省堂印刷株式会社

発行所　株式会社 三省堂
〒101-8371　東京都千代田区三崎町二丁目22番14号
電話　（編集）03-3230-9411
（営業）03-3230-9412
振替口座　00160-5-54300
http://www.sanseido.co.jp/

落丁本・乱丁本はお取り替えいたします。

ISBN 978-4-385-36526-8
〈魅せる方言・240pp.〉